U0686523

数字化时代档案管理工作优化

栾思思 刘叶梅 林志娟 ◎ 著

档案管理

SHUZIHUA SHIDAI
DANG'AN GUANLI
GONGZUO YOUHUA

中国出版集团
中译出版社

图书在版编目（CIP）数据

数字化时代档案管理工作优化／栾思思，刘叶梅，
林志娟著 . -- 北京：中译出版社，2024.6. -- ISBN
978-7-5001-7987-0

Ⅰ. G271

中国国家版本馆 CIP 数据核字第 202459X4Q3 号

数字化时代档案管理工作优化

SHUZIHUA SHIDAI DANG' AN GUANLI GONGZUO YOUHUA

著　　　者：栾思思　刘叶梅　林志娟
策划编辑：于　宇
责任编辑：于　宇
文字编辑：田玉肖
营销编辑：马　萱　钟筏童
出版发行：中译出版社
地　　址：北京市西城区新街口外大街 28 号 102 号楼 4 层
电　　话：（010）68002494（编辑部）
邮　　编：100088
电子邮箱：book@ctph. com. cn
网　　址：http://www. ctph. com. cn

印　　刷：北京四海锦诚印刷技术有限公司
经　　销：新华书店
规　　格：710 mm×1000 mm　1/16
印　　张：13
字　　数：208 千字
版　　次：2025 年 3 月第 1 版
印　　次：2025 年 3 月第 1 次印刷

ISBN 978-7-5001-7987-0　　定价：68.00 元

前　言

　　数字化在人类文明方面引导着世界的发展进程，是当今社会不可阻挡的发展趋势，各行各业都在追逐数字化的发展潮流。在我国，档案业与社会上的各行各业一样，数字化的重要性越来越明显。档案作为人类社会各项实践活动的真实记录，是社会的宝贵财富，是人类重要的文化遗产，它记载着人类前进的脚步，传承着民族的优秀文化。因此，数字化档案管理工作优化应被作为一项重要的工作提到议事日程上来。

　　本书是一本关于数字化时代档案管理工作优化方面研究的书籍。全书首先对档案管理及档案数字化的基础理论进行简要概述，介绍档案的分类和档案工作的内容、性质、要求、意义及档案数字化核心业务流程等内容；其次对数字化时代档案管理工作优化的相关问题进行梳理和分析，包括档案数字化管理的基础设施与技术、电子文件管理及纸质档案的数字化、数字化时代档案管理的优化思路与路径等；最后在数字化时代档案保护工作的优化与创新方面进行探讨。本书力求论述严谨，结构合理，条理清晰，愿为数字化时代档案管理工作优化相关理论的深入研究提供借鉴。

　　在本书撰写的过程中，我们得到了很多宝贵的建议，谨在此表示感谢。同时我们参阅了大量的相关著作和文献，在参考文献中未能一一列出，在此向相关著作和文献的作者表示诚挚的感谢和敬意。由于作者水平有限，时间仓促，书中难免会有疏漏不妥之处，恳请专家、同行不吝批评指正。

作　者

2024 年 4 月

目　录

第一章 档案管理工作概述

第一节 档案的分类

一、档案分类的定义

档案分类就是依据一定的标准，按照档案来源、时间、内容和形式特征的异同点，对档案进行有层次的区分，并形成相应的体系。广义上的档案分类为档案概念分类、档案实体分类、档案检索分类的总称。这三种分类的功能各有侧重，概念分类主要为了具体认识档案，实体分类主要为了科学管理档案，检索分类主要为了准确查寻档案。狭义上档案分类指全宗内档案分类，即档案整理的分类，它仅是档案实体分类中一个方面的内容。档案分类是多种角度、多层次的分类系统，分类方法比较复杂，长期以来学术界存在多种看法，是档案学研究的主要内容之一。

二、档案概念分类

档案概念分类是指档案概念外延的划分，即在档案总概念下，分为许多具体档案概念，通常亦称档案种类划分。

（一）根据档案形成者分

根据档案形成者可分为国家机构档案、党派团体档案、企业单位档案、事业单位档案、名人档案等。每类社会组织档案中，又分为具体社会组织档案。每个独立的社会组织档案是划分全宗的依据，每类社会组织档案是划分全宗群的依据。

（二）根据档案内容分

按照档案的产生领域及其内容，可将档案分为文书档案、科学技术档案、专业档案。文书档案指反映党务、行政管理等活动的档案。科学技术档案指反映科学研究，生产运营，项目建设，设备仪器运行、维护及其管理等活动的档案。专业档案指反映专门领域活动的档案，如会计档案、人事档案、户籍档案等。

（三）根据档案载体形式分

按照档案的载体形式，可将档案分为原始型档案、传统型档案和新型档案三类。原始型档案主要指以甲骨、金石、简牍、缣帛、泥板、羊皮、纸草、棕榈叶等材质为载体的档案。传统型档案是指以纸张为载体材料制成的档案，即纸质档案。新型档案是以感光材料、磁性材料等由现代技术产生的新型材质为载体的档案。

（四）根据档案记录信息方式分

按照记录信息方式可分为文字档案、图形档案、音像档案。音像档案又分为照片、录音、录像、影片档案。上述类型档案在管理和提供利用方式上都各有特殊性。

（五）根据档案记录时间分

按照档案的记录时间一般可分为古代档案、近代档案和现代档案。古代档案和近代档案常被统称为历史档案。在中国，通常分为中华人民共和国时期档案和中华人民共和国成立前档案两大类。中华人民共和国成立前档案又分为历代王朝档案、中华民国时期档案、新民主主义革命时期档案。档案是不同时代的产物，这种划分对认识档案的时代特点具有重要意义。

（六）根据档案所有权形式分

根据档案所有权形式可分为国家所有档案、集体所有档案和个人所有档案。在外国通常分为公共档案和私人档案。对不同所有权的档案，要按照档案法规的规定，分别采取不同的收集和管理办法。属于国家所有的档案，要按规定向国家档案馆移交；属于集体或个人所有的档案，其所有权的转让，一般要在自愿、合法的基础上进行，档案所有者可向国家档案馆捐赠、出售或寄存。

三、档案实体分类

档案实体分类也称为档案信息实体的馆（室）藏分类，或直接称为档案分类。档案实体分类是指根据档案的来源、形成时间、内容、形式等特征，对档案实体进行的分类。该分类有两个层次，即档案馆级的分类和档案室级的分类。

（一）档案馆级的分类

档案馆级的分类是指对一个档案馆内全部馆藏档案的分类，我国档案馆的档案是按照全宗和非全宗形式进行分类和保管的。文书档案以全宗作为科学管理的基本单位；科技档案以工程项目、产品型号、科研课题、专业性质、地域特征等非全宗形式作为科学管理的基本单位。

（二）档案室级的分类

档案室级的分类主要有全宗内档案的分类和非全宗形式档案的分类。全宗内档案分类的标准主要有档案的形成时间、来源、内容、形式等。非全宗形式档案分类的标准主要有工程项目、产品型号、科研课题、专业性质、地域特征等。

四、档案检索分类

档案检索分类亦称档案信息检索分类或档案情报检索分类，是以档案记述的内容为对象进行等级分类的逻辑体系。它以国家机构、社会组织从事的社会实践分工为基础，以档案记述的事物属性关系为依据，按照逻辑方法进行统一分类，不受档案所属全宗的限制。档案检索分类主要用于编制卡片目录和组织情报的机械化、自动化检索，一般不适用于档案实体管理的分类（某些特殊专业档案例外），档案馆的情报检索分类系统与档案实体分类排列上架序列通常是不一致的。为建立统一的档案情报检索系统，一些国家会制订通用的、标准的分类方案。

五、全宗内档案分类

（一）基本含义

全宗内档案分类指的是按照来源、时间、内容、形式等方面的异同，将归档文件划分为若干层次和类别，构成一个有机体系。其包括选择分类方法、制订分类方案和档案文件归类，以便确定立卷、编目和案卷排列上架的具体方法。分类的质量在很大程度上取决于分类方法的采用是否合理。

（二）分类方法

常用的档案分类方法有如下几种：

1. 按文件的产生时间分类

（1）年度分类法

就是根据文件产生的年度将全宗内档案分成若干类别的方法。按年度分类可以反映一个立档单位活动逐年发展变化的面貌，看出不同时期工作的特点，从而有助于历史地研究问题。这种分类方法同现行机关的文书处理工作制度相吻合，以年度为单位立卷和移交。年度分类法也可以同其他分类法分层联用，是运用最广泛的一种方法。

（2）时期分类法

即把文件按照立档单位在发展变化过程中的不同时期（或阶段）分类，而在较长的阶段内又可按年度分类整理。

2. 按文件来源分类

（1）组织机构分类法

指的是根据文件处理阶段和处理文件的承办单位进行分类，即按照立档单位的内部组织机构将档案分成若干类别。

（2）作者分类法

即按文件的作者（机关或个人）分类。

（3）通信者分类法

即按与立档单位在通信上有来往的机关或个人分类（收文按作者，发文存本和原稿按收文者）。

3. 按文件的内容分类

（1）问题分类法

指的是以文件内容所涉及的主要问题为根据，将档案分成若干类别的方法。这种分类方法能较好地保持文件之间在内容方面的联系，使性质相同的文件比较集中，避免或减少同类问题文件分散的现象，并能比较突出地反映一个立档单位主要工作活动的面貌，有助于按专题查找和利用档案。但采用问题分类法时应该慎重，不应轻易打乱组织机构而先按问题分类。一般是在不可能或不适合按组织机构分类，或者每个机构内文件相当多而要再分类时才采用问题分类法。

（2）地理分类法

即按文件内容涉及的地区分类。

4. 按文件的形式分类

（1）文件种类（名称）分类法

如账册、凭证、报表等。

（2）文件载体分类法

如影片、照片、录音带等。

以上诸分类法中使用较多的是年度分类法、组织机构分类法和问题分类法，而单纯采用其中一种的情况比较少，大多是结合使用。

5. 复式分类法

以上几种分类方法和保管期限结合使用，形成下列复式分类方法。

首先是年度—组织机构—保管期限分类法。先将立档单位内的档案按年度分类，然后在每个年度内按组织机构进行分类，再在组织机构下按保管期限划分。这种方法适用于立档单位内部机构经常变化但不复杂的全宗，对于现行机关的档案，采用这种分类法较适宜。

其次是保管期限—年度—问题分类法。先将归档文件按保管期限分类，每个保管期限下按年度分类，然后在每个年度内再按机构（问题）分类。这种方法多适用于撤销机关的档案和历史档案。

再次是组织机构—年度—保管期限分类法。先将归档文件按组织机构分类，每个组织机构下按年度进行划分，再在每个年度内按保管期限分类。这种方法适用于立档单位内部机构多年稳定或调整不大的全宗，一般多用于撤销机关的档案。

最后是年度—问题—保管期限分类法。先将归档文件按年度进行分类，每个年度下按问题分类，再在问题下按保管期限进行分类。这种方法适用于立档单位内部机构变化复杂，或机构间分工不明确、文书工作不正规等原因而难以区分文件所属机构，以及没有内部机构或内部机构简单的全宗。

第二节　档案工作的内容与性质

一、档案工作的基本内容

（一）档案收集

档案收集就是接收和征集档案的意思，档案收集工作就是按照规定，通过例行的接收制度和专门的征集方法，把分散在各机关、部门、个人手中和散失在社会上的档案，集中到机关档案室和国家档案馆进行科学管理的一个业务环节，其有助于档案的科学保管和有效利用。

档案收集工作在整个档案管理中处于一种特殊地位，做好此项工作对整个档案管理工作具有重要意义。

第一，档案收集工作是档案馆、档案室取得和积累档案的一种手段，它为档案工作提供了实际的物质对象，是档案业务工作的起点。

第二，档案收集工作是实现档案集中统一管理的重要内容和一项重要的具体措施。

第三，档案收集工作质量的高低，会直接影响档案业务工作其他环节的工作质量。

第四，档案收集工作是档案部门与外界各方面发生联系的重要环节之一，它是一项政策性强、接触面广、工作要求较高的工作。

（二）档案整理

档案整理是指按照一定的原则对档案实体进行系统分类、组合、排列、编目，使之有序化的过程，它是档案管理中的一项基础工作。通过档案整理工作使成分复杂的档案条理化、系统化，有利于档案的保存和使用。

档案整理主要有以下三种类型：

1. 系统排列和编目

在正常条件下，档案室接收文书部门和业务部门按照归档要求立好的档案卷，档案馆接收各机关按照入馆要求整理移交的档案卷。档案馆和档案室的整理任务，主要是检查案卷质量，制订馆（室）内分类排列方案，进行案卷和全宗的系统排列以及案卷目录的加工。

2. 局部调整

局部调整的主要内容如下：对已接收但不完全符合整理要求的档案卷，进行必要的部分加工整理；对由于遭受损失、销毁与移出等各种原因而使整理体系发生重大变化的档案，进行新的系统化调整。

3. 全过程整理

全过程整理是指对必须接收和征集的零散档案，进行系统化和编目。

档案整理要求保持文件之间的历史联系，以方便保管利用。文件之间的历史联系是指文件在产生和处理过程中形成的内部相互关系，其主要表现在文件的来源、时间、内容、形式等方面的联系。维护文件之间的历史联系有时可采用不同的方法，在优选时应以便于档案保管和利用为最高要求，并使二者统一起来。

（三）档案鉴定

档案鉴定是指按照一定的原则和标准，判定档案的真伪和价值，确定保管期限及决定档案存毁的一项工作。通常所说的档案鉴定工作是指档案价值鉴定，这里所说的价值是指档案因具有凭证作用与情报作用，表现出的对机关和社会的有用性和有用程度。档案鉴定是对价值的评价和预测，鉴定工作可以去粗取精，剔除失去保存价值的档案，使档案保管机构的人力、物力和财力能够充分发挥作用。

档案鉴定工作的制度与原则有以下五点：

第一，档案鉴定工作是一项科学性很强的工作，必须坚持全面观点、坚持历史观点、坚持发展观点。

第二，档案鉴定工作必须按照党和国家制定的鉴定工作原则和鉴定标准进行。

第三，档案鉴定工作必须有组织、有领导地进行，一般应由领导、专业人员和有关单位代表参加的鉴定小组负责进行。

第四，凡是经过认真的鉴定，判定为保存或销毁的档案，必须按照规定的程序，办好鉴定手续。

第五，档案鉴定工作是一项决定档案命运的工作，档案工作人员必须严肃、慎重地对待，严格遵守档案鉴定工作制度。

（四）档案保管

档案保管是维护档案的完整与安全的活动，是档案管理中的一项重要内容。其基本任务有以下两个：一是维护档案实体的系统性，使库藏档案始终有序；二是保护档案实体，最大限度地减少人为或自然因素的损坏，延长档案的"寿命"。

具体来说，档案保管的主要内容有以下四点：

1. 档案排架

可视不同情况分别采取分类排架和流水排架，或分类、流水综合排架。分类排架即按照档案形成的不同时期、档案的不同类型和立档单位的不同组织系统等，将馆藏档案划分为若干类别进行排架；流水排架即按照档案全宗最初进馆的时间顺序排架；分类、流水综合排架即先将馆藏档案分为若干类别，在每一类别内再按全宗进馆时间顺序排架。无论采用何种方法，属于一个全宗的档案均应集中排放，不应分散和混杂。

2. 档案库房管理

要建立完善的档案库房管理制度，配备必要的防护设备，合理调节和控制温度、湿度，做好防火、防盗、防尘、防霉等各项工作，保持整洁、有序，保证档案安全无损。

3. 档案调出和归还

调出和归还档案都应逐卷点交清楚，办理手续。用完的档案要归还原位。

4. 档案检查

对于馆藏档案的状况应定期进行全面检查，必要时可临时进行部分检查。着重检查档案是否缺少以及每件档案的完好状况，检查时要逐卷进行，要做详细记录并写出正式报告。

（五）档案检索

档案检索是指存储和查找档案信息的过程，它是开展提供利用工作的基本手段，是开发档案信息资源的必要条件。档案检索工作将档案信息运用一系列方法进行加工处理，形成各种检索工具，供人们查找所需档案。

档案检索工具是记录、查找、报道档案材料的手段，是管理和利用档案的工具。档案检索工具的种类很多，可按编制方法、信息处理手段、收录材料范围、作用等不同的标准进行分类。档案检索工具按编制方法可分为目录、索引、指南。档案目录是由许多条目组成的有机体，也是档案馆（室）检索体系的主要部分。常用的有分类目录、专题目录、全宗文件目录、案卷目录等。索引是将档案中的各种事物名称、档号或存址等，按照一定顺序加以编排的一种检索工具，如人名索引、地名索引、文号索引。指南是以文字叙述的方法，综合介绍档案情况的一种书本形式的工具书，如档案馆指南、全宗指南、专题档案指南等。档案检索工具必须具备存储档案材料线索和提供查找途径的职能，并以档案信息存储丰富、检索迅速准确、方便实用为衡量质量的主要标准。

档案检索系统是将已整理好的档案经过著录和标引，按规定顺序排列而成的数据库。它能将按照整理体系保管存放的档案信息，通过多种途径集中和积累起来，以备人们按照不同的特定要求，从中检出所需要的档案。为了开展档案检索服务，必须建立相应的检索系统。按加工和处理信息的手段，检索系统可分为手工检索系统和机械检索系统两大类。手工检索系统是以卡片或书本形式的目录、索引为基础的人工查找系统，使用方便，成本较低；机械检索系统使用电子计算机等检索出存储在磁带、磁盘、磁鼓以及缩微胶卷（片）中的档案线索。为了扩大档案检索系统的存储范围，提高检索效率，实现档案检索的标准化，中国已制定了《档案著录规则》《中国档案分类法》《中国档案主题词表》等标准，将其作为著录与标引的依据，纳入档案检索系统的组成部分。

档案检索的过程主要有下列四个步骤：①分析利用要求；②选定检索工具，确定检索途径和方法，如按分类途径、按主题途径，或按全宗构成者、责任者、年代以及其他途径检索；③按照选定的检索途径及其检索标识，如分类号、主题词等查取档案；④通过一定的方式将档案材料或编成的目录提供给利用者。

（六）档案编研

档案编研是指在研究档案和社会需要的基础上，按照一定的题目、体例和方法编辑档案文献的活动。档案编研工作可以满足更多利用者的需要，让档案信息以编研成果的形式长远流传下去，并延长档案原件的寿命。

档案编研的具体做法主要包括以下四点：

1. 技术力量上采取"内举外聘"

作为县（市）级档案馆，由于受人手紧张，专业人才欠缺、水平不高等因素的制约，我们采取了"内举外聘"的做法。"内举"即充分发挥馆内人员的专业特长，让其担任编研课题的负责人，参与编研的谋划工作；"外聘"即聘请有深厚文字功底和地方历史文化知识的已退休的老教师、老同志来担任编研的具体工作。

2. 选题上既坚持有所创意，又注重实用

档案编研工作是将馆内静态的档案资源转化为动态的、可供利用的信息资源的加工制作过程。档案编研的选题只有贴近党委政府的工作中心，贴近人民群众，才能有效地为经济建设、社会发展服务。让档案编研成果满足社会各界及人民群众的需要，是档案编研工作的出发点和归宿。因此，在编研选题上要尽量避免过大、过深，应坚持以编为主，研究为辅的方针，不囿于习惯性的模式，在选题的创新上做一些探索。例如，龙泉民国档案馆坚持"注重实际，贴近现实，立足实用，讲求实效"的选题原则，确立了"龙泉民国档案概要""龙泉民国档案专题介绍""龙泉民国档案文献选编""历史记忆——龙泉民国档案图片集"等主题；在内容安排方面，专题性强，有深度，具有一定的史料价值，体现了为地方党委政府的中心工作和文化建设服务的基本理念。

3. 选材上创新方法

档案信息是历代人们通过生产和实践保存和积累下来的，以档案的某种形式供后人利用的重要的历史文化资源。任何信息资源都有它的不完整性、不系统性和不准确性。因为档案在收集、整理、鉴定、归档时，无不受到当时当地的历史局限性的限制，总有当时认识不到的、删除不准确的和未收集上来的现象，加上对未来变化和需要预测不足等原因，馆藏现有资源可能难以满足编研课题的需要。对此，不能仅靠馆藏档案资源进行编研工作，尚需馆外资料做补充。因此，在选材上可遵循"档案不足资料补，馆内不足馆外补"的编研工作方针。编研过程中，可采取"内部发掘与社会调查相结合"的方法，根据专题的需要走访一些了解当时情况和保存有历史资料的老同志，并进行座谈。政协文史委、文化、图书、史志办等单位提供的历史文化资料做补充，从而弥补一些专题编研资料不足的缺陷。实践证明，这不失为一种可行的办法。

4. 专题编研成果突出地方特色、行业特色

在编研的选题中，专题编研要体现独特性、新颖性，专题不在大，重在能反映出一个地方独特的风土人情和人文特色。

（七）档案利用

档案利用又称利用服务，是指利用者以阅览、复制、摘录等方式使用档案的活动。档案得以利用是档案管理工作的最终目的，档案利用可以使包含在档案中的凭证价值和参考价值得以发挥和实现。

档案利用是档案整个过程中的最终环节，国家政府以及档案馆工作人员为档案所做的一切努力，包括档案安全保护的最终目标是能服务于现代化建设，服务于国家、服务于人民群众。

(八) 档案统计

档案统计是指对反映和说明档案及档案工作现象的数量特征进行收集、整理和分析的活动，是了解、认识和掌握档案工作总体情况的重要手段。档案统计工作不但可以为整个档案管理工作提供真实可靠的原始数据、基本事实，让人们对档案及档案工作做到"胸中有数"，而且还可以为档案工作决策提供强有力的信息支持，保证决策的科学性。

档案统计调查的内容和形式，根据不同目的和作用，可分为两大类。

一是综合性统计和临时性调查统计。主要是各级档案事业管理机构为了掌握全国或某一地区、某一部门的档案工作基本情况而制定的统计制度，包括定期统计报表、专题普查、抽样调查、重点调查和典型调查等多种方法。中国目前施行的方法包括：①统计报表。例如，国家档案局在20世纪80年代制发、国家统计局批准施行的《档案工作基本情况统计年报》，是全国统一的综合性定期统计报表制度，具有法规性，并被纳入国民经济和社会发展的统计指标体系。其主要统计指标包括：中央国家机关、大型企业档案部门、全国县以上各级档案事业管理机构和档案馆机构的设置和数量，现有专职人员的人数、年龄、文化程度、档案专业程度、业务职称，档案专职教育情况，档案事业经费，保存档案的种类、数量和保管期限，档案库房建设与面积，档案提供利用人次、调卷数量，整理编目，档案资料编辑出版等，共200余项统计指标。②全宗卡片。根据《档案馆工作通则》规定，全国各级档案馆均以全宗为单位，逐级向同级和上一级档案事业管理机关填报馆藏全宗卡片。具体内容如下：全宗名称及其起止年月，立档单位的性质及主要职能，全宗初次入馆日期，档案数量（包括统计日期、已整理编目档案卷数量、上架排列长度、未整理编目的数量）等。并规定每年年终报送全宗内档案成分和数量变化情况报表。

二是专项性情况和数量的登记，主要是档案馆（室）结合具体业务工作进行的各项原始记录和统计台账，具有基础统计和检索工具的双重性。通常的项目包括：①卷内文件目录和案卷目录；②档案收进、移出登记簿；③全宗名册或全宗目录；④全宗单；⑤档案目录登记簿；⑥档案利用与效果登记簿；等等。原始登记是统计调查的基础，各档案馆（室）的原始登记与各级档案部门的统计工作相互结合，即形成档案统计网络。

二、档案工作的性质

档案工作是一项非常重要而又严格的专门事业，它是以完整地保存和科学地管理档案，充分发挥档案的作用为目的的诸项管理活动的总称，是实现社会主义现代化建设、开展各种研究、进行各项工作的必要条件。做好档案工作不仅是当前工作的需要，还是维护党和国家历史真实面貌的重要事业。其基本性质有以下三点：

（一）档案工作是一项管理性的科学性的工作

一方面，就总的档案工作看来，档案工作是专门负责管理历史文献——档案的一种独立的工作，属于国家科学文化事业的组成部分；另一方面，从特定的部门、一定单位的档案工作来看，它又是某种工作管理的组成部分。档案从其保存和流传归宿的程序角度可以分为档案室阶段和档案馆阶段。档案室保存的档案，是本单位职能活动的历史记录，档案室工作既是档案事业的组成部分，又是机关或单位秘书工作的一部分。必须用一整套科学的理论原则和技术方法管理档案，对繁杂的档案进行研究、考证和系统管理。

（二）档案工作是一项服务性的条件性的工作

从档案工作同其他工作的关系来说，它为社会各方面工作提供服务，属于一项服务性的、条件性的工作。虽然档案工作是一项研究性的工作，但是档案部门研究档案、进行编著等活动的主要目的还是更好地满足各界的需要，为党和国家的各项工作提供档案材料。档案工作的服务性是档案工作赖以存在和发展的基本性质。

档案工作者应树立服务意识，掌握服务技能，完善服务条件，提高服务质量，积极为社会建设做出贡献。

（三）档案工作是一项政治性的工作

档案工作的政治性集中表现在档案为谁所有，为谁服务，受到什么阶级利益的制约，即档案工作存在服务方向问题。在我国，档案工作不是一般的服务性行业，它是巩固人民民主专政、保护国家机密和历史财富的重要阵地之一。在当前的社会主义现代化建设事业中，档案工作必须把工作重点切实转移到为经济建设服务的中心上来。档案工作的机要性也是档案工作的政治性表现之一，它是由档案本身的特点以及国家利益所决定的。古今中外任何国家的档案工作都有一定的保密要求。

档案工作者必须做维护历史真实面貌的楷模，实事求是，并积极地提供档案用以编史修志，用档案印证历史，校对历史。

第三节　档案工作的要求及意义

一、档案收集工作的基本要求及意义

（一）档案收集工作的基本要求

1. 满足归档的基础要求

（1）原始材料

收集进档案室的材料必须是办理完毕的原始材料（原件），要完整、齐全、真实、文字清楚。

（2）字迹纸张

①载体纸张要求。归档材料统一使用 A4（80g）规格的办公用纸（专业特殊要求的除外）。②载体字迹要求。只能用碳素、蓝黑、黑色墨水笔书写。禁止使用纯蓝、红色墨水笔和圆珠笔、铅笔书写。

（3）材料完整

①各部门完成的当年工作职责应该有相应材料佐证，其包括录音、录像、照片、幻灯片、图片、表格及文字材料；②关于整件事情的成套材料必须配齐，以保持文件材料之间的逻辑联系。

2. 丰富和优化室（馆）藏

（1）门类齐全

所谓门类齐全，就是指档案保管机构应收集各种门类的档案。在收集中不仅要收集文书档案，还要收集科技、专门档案；不仅要收集纸张载体的档案，还要收集声像、照片、电子等各种载体形态的档案。否则，档案保管机构所保管的档案就会因门类或载体的单一而缺乏吸引力。

（2）数量充分

所谓数量充分，就是要求各级各类档案保管机构尽量补充档案数量。就现状来看，我国的档案虽然在总数量上名列世界第一，但在人均占有量上并不高。这与我国的悠久历史和社会的需求不相适应，因此应想方设法丰富档案室（馆）藏。

（3）质量优化

所谓质量优化，就是指所收藏的档案要达到一定的质量标准，具体包括以下两方面：一是档案本身的内在质量（完整性、准确性、规范性）和外在质量（档案载体及书写、印制材料应符合长期安全保管的要求）；二是档案整理的质量。只讲数量，不讲质量的收集是没有价值的。必须保证所收集的档案在将来有人使用，必须在增加数量的同时，按国家的相关标准进行收集；否则，就会出现档案数量多了，可供人利用的却少了的反常情形。

（4）结构合理

所谓结构合理，就是指档案保管机构所收藏的档案在来源、内容等方面应该是合理布局的。档案馆、室藏档案既要有一般性的材料，又要有各具特色的材料；既要有领导机关的材料，又要有基层单位的材料；既要有宏观材料，又要有微观材料。在收集时，既要收集档案，又要收集报纸、地方志、传记、年鉴、回忆录、文件汇编、成果汇编及其他书刊等资料。

3. 加强档案室（馆）外的调查和指导

档案室必须注意调查研究，掌握本单位文件的形成规律和特点，制定归档制度，明确接收档案的范围、时间、数量与质量要求。档案馆应从本馆的性质与职责出发，对有关国家机构、社会组织和个人的职能、地位、任务及档案的种类、内容、保存价值、数量、整理和保管等情况进行调查研究，确定应移交档案的范围、时间、数量、质量要求和手续。在接收前，档案室应加强对有关部门的档案工作的指导，以保证所收集的档案的质量与价值。

4. 保持全宗不可分散性

全宗就是一个立档单位形成的全部档案，一个单位的各项活动是密切联系的，因此在活动中形成的各种文件材料必然存在固有的联系。为了确保文件的完整，在收集档案时必须坚持全宗不可分散的原则，一个单位形成的档案应集中到一个档案室，不能人为地分散处理。

5. 积极推行入室（馆）档案的标准化

积极推行入室（馆）档案的标准化，要求在收集档案时控制好档案的质量。凡反映本机关主要职能活动、具有保存价值的各种门类、各种载体的档案，均应收集齐全完整；进馆档案必须以全宗为单位进行整理；进馆档案必须经过鉴定，保管期限必须准确无误；档案整理（分类、组卷、排列、编号、编目、装订等）规范；所采用的档案包装材料必须符合国家的相关要求，所编制的检索工具应符合档案工作要求，在利用档案时能做到有据可查；归档材料中有电子文件的，应与相对应的纸质文件一并存档；属于非光盘形式的电子文件，应当转换成光盘储存形式的电子文件。档案工作的标准化应该在收集档案时就着手推行。

（二）档案收集工作的意义

1. 档案收集工作为档案工作提供物质条件

没有档案收集工作，就不可能有完整的档案，也就不可能有健全的档案工作。收集是档案室（馆）取得档案的一种手段。档案收集工作是档案工作的起点，是档案工作的前提条件。

2. 收集工作有助于维护历史真实面貌

档案室（馆）的收藏是一定地区、部门在政治、经济、科学和文化教育等方面的情况的综合反映。收集工作使档案齐全完整，内容丰富，应将补充进馆的档案及时接收进馆，并把散存在机关、组织、个人手中以及散失在各地的档案材料收集补充到档案室（馆）。档案是维护党和国家历史真实面貌的必要手段，是贯彻执行党的路线、方针、政策的重要工具，因而收集工作的作用是十分明显的。

3. 收集工作为提高档案工作科学水平提供必要的物质条件

档案馆要想开展利用工作，没有一定数量的档案是无法进行的，若室（馆）藏不丰富、门类不全，档案馆就很难满足社会上各条战线、各种工作、各种人员对档案的各种要求。编研工作更需要有丰富的档案作为后盾。档案室（馆）其他日常工作也必须在室（馆）藏丰富的基础上才能做得更好。只有从众多的档案材料中才能清楚、准确地把握档案内在的有机历史联系，才能在丰富材料的基础上综观全局，全面考察，权衡利弊，提高工作效率，加快整理工作进度，为档案提供利用等工作创造条件。

总之，只有做好收集工作，才能使室（馆）藏丰富，材料齐全，为档案室（馆）各项业务建设，为开展档案室（馆）各项工作、加强档案室（馆）建设奠定物质基础。

4. 收集工作促进档案学理论发展，对实现档案工作现代化有重要的推动作用

档案室（馆）作为党和国家保存档案的重要基地，也是档案学理论的发展源泉。

假若档案室（馆）藏不丰富，档案室（馆）各项工作开展不充分，就不可能为档案学理论的突破和发展提供充足的实践依据。室（馆）藏越丰富，各项工作实践也就越丰富多彩，必然提出许多新问题、新要求，提供很多新情况，为档案学理论的发展打下坚实的基础，从而推动档案学理论的发展。

丰富的室（馆）藏也是实现档案工作现代化的推动力量。要实现档案工作现代化，最基本的是要有丰富的室（馆）藏和对现代化的迫切需要。若室（馆）藏丰富，利用者便如鱼得水，这无疑会推动档案工作现代化的实现。

二、档案整理工作的基本要求及意义

（一）档案整理工作的基本要求

1. 充分尊重和利用原有的整理成果

充分尊重和利用原有的整理成果指档案管理者要善于分析、理解和继承前人对档案的整理成果所形成的自然基础，不可轻易地对其予以否定或抛弃。须做到以下三点：

（1）当原有基础基本可用时，应维持档案原有的秩序状态。

（2）如果某些局部整理结果明显不合理，可以在原来的整理框架内进行局部调整。

（3）如果原有的整理基础无法实行有效管理，可进行重新整理。

2. 保持文件之间的历史联系

文件之间的历史联系是指文件在产生和处理过程中所形成的内部相互关系。保持文件之间的历史联系，是档案整理工作的根本性原则，可使档案能够客观地反映其形成者的历史面貌。文件之间的历史联系主要表现为以下四个方面：

（1）文件在时间上的联系

文件的时间一般是指其形成的时间。不同时间的活动所形成的文件先后有序，同一阶段的活动所形成的文件具有自然的时间联系。在整理档案时，保持文件之间在时间上的联系，有利于体现其形成者活动的阶段性、连续性和完整性。

（2）文件在内容上的联系

文件的内容一般指文件涉及的具体事务或问题；同一个事务、同一项活动、同一个问题所形成的文件之间必然具有不可分割的联系。在整理档案时，保持文件之间在内容上的联系，有利于完整地反映其形成者各种活动的来龙去脉和基本情况，也便于查找利用。

（3）文件在来源上的联系

文件的来源一般指形成档案的社会组织或个人。同属于一个形成者或同类型形成者的文件在来源上有密切的联系。

不同来源的文件反映不同形成者历史活动的面貌，在整理档案时必须保持文件在来源上的联系。另外，不同来源的档案不能混淆在一起。

（4）文件在形式上的联系

文件的形式一般是指其载体、文种、表达方式以及特定的标记等。不同形式的文件往往具有不同的作用、特点和管理要求，可承接不同的任务，反映一些特定的工作关系。在整理档案时，保持文件在形式上的联系有利于揭示文件的特殊价值，有助于档案的保管和利用。

3. 便于保管和利用

便于保管和利用是档案整理工作的出发点和目的，也是检验整理工作质量的标准。在整理档案时，应保持文件之间的历史联系与便于保管和利用之间是一致的。而在某些特殊的情况下，二者之间会发生一定矛盾，此时就需要综合考虑各种因素，在保持文件之间历史联系的前提下，采取分别整理的方法，以利于档案的保管和利用。

（二）档案整理工作的意义

1. 档案整理是开展其他档案业务活动的重要基础性工作

档案整理不仅为档案的利用创造了方便条件，还为整个档案管理工作奠定了良好基础。在档案管理的诸多环节中，收集工作是起点，提供利用是档案工作的目的，而档案的整理则是承上启下的关键业务。档案整理这个环节可以让我们进一步了解和检查档案收集工作的质量，对档案收集工作有一定的支持作用。档案整理工作往往与档案价值的鉴定工作相互结合进行。要想鉴定档案的价值和划分档案的保管期限，必须对档案进行全面的考察和仔细认真的分析，只有经过系统整理的档案才能提供这种可能性。经过整理以后的档案卷，是档案馆的保管、统计、检查的具体工作对象和基本单位，也使编制档案检索工具与编写参考资料有了主要依据。

2. 档案整理可以通过有效保持文件之间的有机联系，为实现档案价值创造有利条件

保存档案的主要目的是及时、系统地提供档案并为社会各项事业服务。为了

达到这个目的，所提供利用的档案必须经过科学的整理。没有经过整理和系统化的档案，就不能充分体现档案的历史记录的特点，不能完整地反映出各项活动的历史联系和本来面貌，就会影响以致失去档案的利用价值，不便于进一步查考研究问题。档案整理工作的基本目的是把档案组成一个体系，通过编目使其固定下来，为利用档案提供条件。

3. 档案整理是实现档案管理现代化的要求

采用现代化手段管理档案，要求对档案实体加以整理，使之达到一定的系统化程度。例如，计算机库房管理系统、编目系统都需要以档案实体为基础。档案数字化、信息化、缩微化更要求档案原件系统中有序、具有有机联系的档案相对集中。档案管理的现代化也需要以档案的系统整理为基础。

三、档案价值鉴定工作的基本要求及意义

（一）档案价值鉴定工作的基本要求

1. 应从国家和社会的整体利益出发去判定档案的保存价值

档案价值鉴定工作是一项直接关系到一个国家和民族的社会历史记忆能否得到有效维护、传承和保护的重要工作，应从国家和社会的整体利益出发，科学地组织和开展。那种只考虑本单位利益，而忽视国家和社会整体利益的档案价值鉴定思想是十分有害的。每个立档单位之所以会保存档案，其直接的动力来源是为本单位业务工作的可持续进行留存足够的业务活动证据和法律所要求的证据，同时为保证本单位业务活动的健壮性留存具有参考价值的文件和记录。

但是，随着时间的流逝和立档单位的业务发展，原来留存的档案就会逐渐失去其业务证据价值和业务参考价值，这时立档单位继续保存这部分档案的"原动力"就不存在了。如果一个组织只顾自身的利益，而缺乏国家、民族的整体利益意识，那么就会使整个国家和社会的历史记忆不断流失。为此，在开展档案价值鉴定工作时，尤其是在对"保存期满"的档案进行"定期鉴定"时，各立档单位和国家档案管理部门只有遵循"从国家和社会的整体利益出发去判定档案的保存价值"的原则，才能保证我们的国家记忆、民族记忆、社会历史记忆的相对完

整性，才能保证我们民族文化的长久传承和发展。

2. 应采用历史的观点指导档案价值鉴定工作

历史的观点指的是根据档案形成的时代背景和社会条件去识别档案的内容、形式及意义。档案是历史记录，具有鲜明的时代性特征。那种只从"现实需要"出发判定档案保存价值的思想和行为，会给人类社会档案记忆的完整性和连续性造成极大的损害。在鉴定档案价值时，坚持历史的观点就是要根据档案产生的历史条件及其在历史上的作用，科学地评价其对维护人类社会历史记忆的作用，确定其保存价值。在档案价值鉴定工作实践中，坚持历史的观点，就必须坚决反对片面的实用主义观点。

3. 应采用全面的观点指导档案价值鉴定工作

全面的观点指的是一方面从各个全宗之间、一个全宗内文件之间的全面联系中考察、分析每份具体文件，综合审视档案文件内容和外部特征的各种因素；另一方面要预测档案对形成单位、国家和社会的各种需要，有无保存意义。不谋全局者，不足以谋一域。从立档单位角度看，在判定档案保存价值时，应全面分析影响档案保存价值的相关因素，综合判定档案的保存价值；从社会角度看，在判定档案保存价值时，应避免只从一个机关、一个部门（机构）或个人的需要出发去开展价值鉴定工作，而应从社会的需要出发去开展工作。从档案管理的整体效益角度看，用全面的观点开展档案价值鉴定工作，是实现整个国家档案资源体系建设整体优化目标的需要。如何有效地消除全宗之间的"档案重复留存"问题，关键的解决办法之一就是在档案价值鉴定工作中切实采用"全面的观点"、有效的整体控制手段和措施。

用全面的观点指导档案价值鉴定工作，有助于档案价值鉴定人员从整体上把握和认识有关全宗、类别（系列）、案卷的保存价值，避免孤立地判定每一份文件的保存价值。

4. 应采用发展的观点指导档案价值鉴定工作

在档案价值鉴定工作中，按照发展的观点开展档案价值鉴定工作，就是要充分考虑到档案保存的未来意义。档案的保存不仅是现实社会存续和发展的需要，还是子孙万代生存与发展的需要。档案价值鉴定工作人员应具有一定的预测未来社会发展需要的能力。随着数字化时代的到来，一些在纸质档案占统治地位的时代被鉴定为"保存价值不大"的文件和记录，其数字形态的记录却因为蕴藏着丰富的、可供分析和加工的"数据"和"信息"，而成为一种非常具有留存价值的资源。所以，那种简单地认为"纸质文件和记录"与"电子文件和记录"的保存价值相同的观点和做法，是非常武断和有害的。正确的做法是，纸质档案按传统的价值鉴定标准去判定其保存价值，数字档案（电子档案）的价值鉴定标准则应重新确定。

5. 应采用科学的效益观点指导档案价值鉴定工作

对于纸质档案等传统载体形态档案的价值鉴定，必须考虑立档单位和国家档案管理部门的保存能力。那种认为只要文件和记录具有些许利用价值就应将其作为档案加以保存的思想观念，不但脱离实际，而且一旦实施就会劳民伤财。为此，开展档案价值鉴定工作时，鉴定人员应对列入保存范围的文件和记录的利用价值和利用效益，进行充分地预测和评价。只有当档案发挥的作用所带来的经济效益和社会效益大于我们所付出的管理成本时，才能认为档案是具有保存价值的。诚然，单纯的"效益"观点（即只评价档案保存的经济效益，却忽略档案保存的社会效益的观点），在档案价值鉴定中也要坚决避免。

（二）档案价值鉴定工作的意义

1. 有利于发挥档案的作用

我们保管档案，进行各项业务工作，有助于党和国家对档案的利用，把档案的作用充分发挥出来。如果不鉴定，把大量已失去保存价值和本来就没有什么保存价值的档案，同有价值或有重要价值的档案混杂在一起，使档案臃肿庞杂，真正有价值的重要档案被大量无价值的档案淹没。有时查找一份档案文件，犹如"沙里淘金"，这给提供利用工作带来很大困难。反之，我们通过鉴定工作，去其糟粕，留其精华，剔除无价值的档案，把有价值的档案管好，利用时就可以按照利用者的需求及时查找出来，发挥档案应有的作用。

2. 有利于档案的安全保管

如果不鉴定，把大量失去保存价值的档案和有价值的档案一起保管，不但在人力、物力上造成浪费，而且妨碍改善有价值档案的保管条件，影响档案的安全保管。通过鉴定工作，分清主次，对价值大的档案给予良好的保管条件，尽可能延长档案的寿命，维护它的安全；对失去保存价值的档案剔除销毁，能腾出库房和装具来妥善保管有价值的档案。

3. 有利于安全管理，应付突发事件

档案鉴定就是将无价值的档案材料剔除出去，一方面节约了保管成本，腾出库房和装具去妥善保管有价值的档案材料；另一方面明确了档案的价值，主次分明，日常管理时就很容易确定保管的重点，便于安全管理，应付突发事件。比如遇到水灾、火灾、地震等天灾人祸时，能很快确定抢救重点，及时抢救和转移价值大的档案资料，减少损失。否则，就会因档案资料主次不明，数量庞大而束手无策，不知先抢救哪些，其结果只能是"玉石俱焚"，造成更大的损失。

4. 档案价值鉴定是决定档案"生死存亡"的基本手段

档案价值鉴定不同于档案管理中的其他业务环节，其他业务环节往往只是档案的移位或保管体系的变化，而鉴定可以决定档案的命运，涉及"生死存亡"的大问题。档案多为孤本，有的十分珍贵，如果错误销毁了有价值的档案，损失是无法弥补的。档案价值鉴定工作担当的特殊使命，使其成为现代档案管理的核心，直接关系到档案工作其他各环节的开展，而且这项工作又存在于立卷、收集、整理、保管等环节中，所以它也是一项难度最大的工作。

四、档案保管工作的基本要求及意义

（一）档案保管工作的基本要求

1. 不同的档案，区分保管

在档案保管中，不能采取"一刀切"的模式来管理全部档案。为了实现对档案的合理保管，对于不同价值的档案，应区别对待。在保管工作中，对不同的档案，主要是从档案的保存价值、保管期限以及载体等方面加以区分的。《中华人民共和国档案法实施办法》中规定"各级国家档案馆馆藏的永久保管档案分一、二、三级管理，分级的具体标准和管理办法由国家档案局制定"，"根据档案的不同等级，采取有效措施，加以保护和管理"，在《照片档案管理规范》等标准中，对不同保管期限的档案，其保管条件也略有差异。区分保管不同价值、不同保管期限的档案，有助于档案保管工作稳定有序地开展。尤其是随着科学技术的飞速发展，不同载体的档案大量产生，不同载体记录信息的结构、原理不同，其保管要求也各不相同。因此，对于不同载体的档案，也应区分保管。

2. 预防为主，防治结合

在档案保管工作中，保护档案实体安全的方法概括起来主要有以下两类：一是如何预防档案实体损坏的方法；二是当环境不适应档案保管要求时或当档案实体受到损坏后如何处置的方法。在归档或接收的档案中，实体处于"健康"状态的档案占绝大多数。因此，在档案保管工作中，积极预防档案受到各种不良因素的破坏是主动治本的方法。我们应采取各种措施，确保这些档案的长期安全；同时，应该通过加强日常管理和检查，及时发现档案实体出现的"病变"情况，以便迅速地采取各种治理措施，阻断或消除破坏档案的有害因素，修复被损害的档案，使其"恢复健康"。预防为主，防治结合，才能全面保证档案实体的安全。

3. 重视日常管理工作

为了保持档案库房管理的稳定、有序，我们应建立健全管理规则和制度，加强日常管理。在库房管理中要做到以下内容：归档和接收档案卷及时入库；调阅完毕后档案卷及时复位；定期进行案卷的清点和检查，发现问题及时处理。只要持之以恒地坚持严格的日常管理，就能保证库房内档案的良好状态。

4. 重点与一般兼顾

由于档案的价值不同，保管期限长短不一，所以在管理过程中，我们应坚持突出重点、兼顾一般的原则。对于单位的核心档案、重要立档单位的档案、需要长久保存的档案，应该重点保护，尽量延长档案的寿命。同时，对于一般性、短期保存的档案要提供符合要求的保管条件，确保其在保管期限内的安全。

5. 管理与技术相结合

档案保管工作要想有效开展，管理和技术二者缺一不可，二者从不同层面上维护着档案的安全和完整。管理和技术在应对威胁档案安全的不同风险因素中，各自发挥着不可替代的作用。比如人为因素给档案造成的破坏，需要靠管理制度约束，单纯的技术是难以发挥作用的；对于不可控的自然因素对档案带来的破坏，必须利用先进的技术应对。因此，片面强调管理，或者片面强调技术都是不科学的。同时，无论是管理还是技术，都不是一成不变的。管理的理念、方式需要不断科学化、合理化，技术手段需要不断现代化，以确保管理和技术成为档案保管工作科学发展的双翼。

（二）档案保管工作的意义

档案保管工作质量的高低对档案管理水平有重大的影响，甚至在一定的条件（如涉及档案存毁安全问题）下有决定性的影响。档案若保管得好，就为整个档案工作的进行提供了物质对象，提供了一个最基本的前提；反之，如果档案保管工作做得不好，或者不能有效地延长档案的寿命，甚至档案被损毁殆尽，就会使整个档案工作丧失最基本的物质条件。工作对象一旦丧失，整个档案工作就随之失去其存在和进行的基础。若档案保管得杂乱无章，失密泄密，也会影响整个档案工作的秩序。

五、档案检索工作的基本要求及意义

（一）档案检索工作的基本要求

1. 要有用于检索的档案检索工具

档案检索工具是由经过选择和压缩的档案信息编制而成的，利用者可以借助档案检索工具了解馆、室藏档案的内容和特点，并依据检索工具提供的线索调阅档案。档案检索工具既是存储、查找、报道档案信息的手段，又是档案管理与开发利用的重要工具。

2. 要有明确的检索对象

检索对象是否明确是决定检索工作能否顺利进行的关键，尤其是档案利用者委托档案人员进行的检索中，利用者必须将自己所需要的明确告诉档案人员，否则检索工作将无法进行。

（二）档案检索工作的意义

1. 桥梁作用

档案的数量随着时间的推移而日益庞大，其内容也日益繁杂，涉及社会实践活动的各个方面，档案对利用者来说犹如大海，如果不借助科学的方法和手段，其便无法从中获取所需的档案。档案检索工具在档案和利用者的特定需要之间架设了一道"桥梁"，沟通了两者的借需关系，利用者借助检索工具便可以较为迅速准确地获取所需档案。也有人将这种桥梁比喻为"打开信息宝库的钥匙"，使用它才可以开启档案信息宝库之门，满足特定的需求。

2. 交流作用

档案检索工具中存储了大量的档案信息，它不仅可以提供查询服务，还可以成为档案馆（室）与利用者、档案馆（室）之间的交流工具。利用者借助它可以了解档案的分布、内容、价值等信息，档案馆（室）借助它可以互相了解馆藏情况、互通有无，提高服务质量。

3. 管理作用

档案检索工具记录了档案的主要内容和形式特征，集中、浓缩地揭示了馆藏情况，档案工作人员可以通过检索工具概要了解馆藏档案的内容、形式、数量等情况，为档案管理业务活动提供一定的依据，尤其是馆藏性检索工具反映档案实体顺序，在库房管理、档案数量统计等管理活动中直接发挥作用。各种检索工具还是档案工作人员查找档案、提供咨询、开展档案编研工作的必要手段。

上述三个方面的作用是就档案检索工具整体而言的，某一种检索工具可侧重于其中一个或两个方面。

六、档案编研工作的基本要求及意义

（一）档案编研工作的基本要求

档案编研工作是一项政治性、科学性很强的工作，需要工作人员有高度的政治责任心和实事求是的科学态度，严肃认真，一丝不苟。具体要求包括以下内容：

1. 政治方向正确

古往今来，档案编研工作总是带有一定的政治倾向。现在的档案编研工作要体现为社会主义现代化建设事业服务的宗旨，坚持辩证唯物主义和历史唯物主义的思想方法，维护党和人民的根本利益，符合党和国家的方针、政策、法律，注意保守党和国家的机密。

2. 史料真实

编研过程中选用的档案史料必须正确、客观地反映历史事实，这是检验编研成果质量和其能否经得起历史考验的关键。档案编研工作必须对档案材料进行认真地核实考证，去伪存真。切忌不加考证地盲目使用档案史料，鱼目混珠。

3. 内容充实

档案编研成果能否受到社会的欢迎和重视，主要取决于它是否有丰富充实的内容，能否完整地反映有关事物的发生、发展、变化和终结的全部过程。因此，需要将与题目有关的档案材料收集齐全，尽量选用并组成能反映题目内涵的完整材料。

4. 体例系统

体例上的系统是指将档案材料按其内在联系组成一个有机整体。在内容上，条理分明，上下联系，合乎逻辑；在编排体例上，科学地划分章节或分类，结构严谨，形成体系。

（二）档案编研工作的意义

1. 档案编研工作是档案馆（室）主动、系统、广泛地提供利用服务的一种方式

编研工作是档案利用工作的一个重要组成部分，是档案部门系统、广泛地为社会提供利用服务的一项重要的基础性工作。有了编研工作，才能通过主动提供档案的编研成果，直接服务于社会各项事业，这有助于推动和促进地方人文历史、社会科学的研究。

2. 开展档案编研工作是提高档案馆（室）工作水平的一个重要途径

档案馆（室）搞好档案的收集、整理、编目等基础工作是开展编研工作的

前提；在档案编研过程中会大量调阅档案，又可对档案馆（室）的基础工作起到全面检验的作用。档案编研工作要求档案工作人员具有较高的知识水平，这可以促进档案干部队伍素质的提高。档案编研工作为社会各界和本机关提供了系统的档案信息服务，有助于扩大档案工作的影响，赢得社会各方面对档案工作的重视和支持。

3. 编研工作是保护档案史料、方便利用档案的有效措施

档案大部分为孤本，在开展利用服务时，若把原件提供利用，原件容易破损，从而影响档案的寿命。以编写档案史料的方式提供利用，可以避免档案原件的重复使用，减少其磨损，从而延长档案的寿命。这样也能使这些资料长久保存，便于后人利用。

4. 开展档案编研工作可以扩大档案工作部门在社会上的影响力

编研工作可以为社会提供编研成果，使广大利用者看到档案的价值，加深对档案和档案工作的了解，这样能起到很好的宣传作用。

5. 档案编研工作有利于做好统战工作

档案中有许多弥足珍贵的历史资料，其中不乏个人的档案资料，这些档案的主人在当时往往是有一定影响的人物，现在他们的子孙遍布全国各地。通过编研工作，把这些档案信息提供给他们的后代，使其更加了解祖辈的情况，从而与之交友，建立友谊，互通信息，为地方经济和社会发展服务，具有重要的现实意义。

七、档案利用工作的基本要求及意义

（一）档案利用工作的基本要求

档案利用工作的基本要求是档案馆（室）应当为档案的利用创造条件，简化手续，提供方便，主动开展档案的利用活动，及时掌握档案的利用效果，加大宣传力度。具体要求包括五点。①依法开展利用工作；②档案工作者要不断提高自身的素质，主动、及时开展档案利用工作；③不断完善档案服务方式和手段；④掌握本单位、本地区近期的重点工作、重大活动，据此开展档案利用工作；⑤加大档案的宣传力度，增强全社会的档案意识，促进档案利用。

（二）档案利用工作的意义

档案利用工作的意义主要表现在四个方面。①档案利用工作是发挥档案作用、实现档案价值的主渠道，是档案工作为社会主义现代化建设服务的直接手段；②档案利用工作是档案工作联系社会的一个窗口；③推动档案基础业务建设，提高档案工作水平；④促进档案工作人员业务进修学习，提高档案干部队伍素质和工作能力。

八、档案统计工作的基本要求及意义

（一）档案统计工作的基本要求

1. 准确性

档案统计工作的基本要求是保证统计数据准确无误。统计工作所获得的各种数据及其整理、分析得出的数据和结果都必须是真实可靠的，具有客观真实性。档案统计工作是在档案现象的质和量的辩证统一中研究它的数量的，是用数字语言来表述事实的，因此必须十分准确。数字的真实性、准确性是科技档案统计工作的生命。

要做到统计数字真实、准确，就必须有认真、负责的工作态度和一丝不苟、实事求是的工作作风，严格统计纪律，建立和规定科学的统计指标和统计计量方法。这样统计出来的数字才有价值，也才能够保证统计工作目的的实现。

2. 法治性

现代社会是法治社会，任何工作都要依法办事，档案工作也不例外。比如，《中华人民共和国统计法》是档案统计工作遵循的准则。档案统计也要纳入法治建设的轨道，因为目前实际工作中仍然存在统计违法行为，如为夸大成绩或缩小失误而虚假、瞒报、伪造和篡改统计数据资料的现象屡屡发生。因此，档案统计也要加大执法力度，才能使档案统计工作顺利开展，真正发挥档案统计工作的作用。

统计工作的目的不是取得统计数字，而是对统计数字进行分析、研究，从中寻找事物发展变化的规律；根据档案现象在一定时间、地点和条件下的具体数量关系，揭示档案及其管理工作中的内在联系和矛盾，从中总结经验，发现问题，分析矛盾，探索规律，从而改进档案工作，提高管理水平。

3. 可量化性

统计是以数字来量化反映统计对象现状的。档案统计工作中，实施统计的重要领域及其重要因素，必须是可进行量的描述与量化研究的；否则，档案统计工作会成为一般的档案登记工作。

4. 及时性

统计工作的目的是解决档案工作中的实际问题，及时了解有关情况。如果统计工作拖沓，必然会贻误良机，从而影响档案工作。为此，应该建立档案统计制度，使档案统计纳入档案部门的日常工作轨道。各级各类档案馆、档案室的统计工作要制度化，相互配合，及时按规定上报档案工作领域的相关信息，为指导和监督档案工作提供科学依据。

5. 连续性

为达到统计工作的目的，保证统计数字的准确性和统计工作的质量，档案统计工作必须连续进行，对有关内容的统计一定要有始有终，不能间断。只有保持连续性，档案统计工作才能对档案现象的发展变化进行历史的、系统的、全面的反映和概括分析，也才能保证统计工作的质量，达到统计工作的目的。

6. 目的性

档案统计工作是为了一定的目的进行的，不是为了统计而统计。如果没有明确的目的性，统计工作就会失去意义，也不容易坚持下去。因此，确定档案的统计项目时，要依据本单位的实际情况，如单位大小、档案多少、管理状况、利用状况等，有目的地、实事求是地做好本单位的档案统计工作。

（二）档案统计工作的意义

档案统计工作是档案工作的基础工作，它以数据的形式了解和掌握档案的形成、管理及利用情况和档案事业发展的状况，是档案管理计量化、精确化的基础，贯穿档案工作的全过程，对档案事业的发展有非常重要的意义。

1. 档案统计工作是认识档案工作的一种重要手段

档案工作中诸多现象的发展过程、现状和规律性，通过档案统计，让人一目了然。而且正是这种长期、系统的积累资料的工作，为档案管理研究和综合统计，为人们加深对档案工作的认识提供了一种手段。

2. 档案统计工作是科学管理档案的基础

从档案统计工作来看，国家档案事业的方针政策、法规制度的制定都离不开档案统计工作，统计工作提供的大量信息可以对档案事业进行指导和监督，并协助理顺档案事业的各个方面的关系。如果没有档案统计工作提供的大量数据和信息，档案管理只能是盲目的管理；没有档案统计工作的指导，档案利用服务只能是被动的服务。

科学管理档案不仅要定性分析，还要定量分析，两者结合才能实现科学管理，提高档案管理水平，从而更好地指导档案实践工作。档案统计工作可以为定量分析提供必要的数据。

3. 档案统计工作是提高档案学研究水平的重要保证

档案统计是档案学发展的一个表现。以前档案学研究比较偏重于研究社会科学的方法，随着科学技术的发展，档案学逐渐运用自然科学、技术科学和管理学的方法来研究，由关注定性研究逐渐转变为比较关注定量分析研究。因此，只有加强档案统计，认真进行分析，才能促进档案学的发展。

4. 档案统计是档案工作良性运行的重要保证

从系统论的角度来看，档案工作是由档案实体管理、档案信息开发和档案反馈信息处理三个子系统组成的，档案统计工作就相当于档案反馈信息处理系统。统计得来的具体数据直接反映了档案工作各方面的实际情况和水平，这是非常重要的。档案统计工作可以提供正确的决策依据和监督指导档案工作的统计资料，从而保证档案工作处于良性运行状态。

要想了解档案用户的需求以及档案业务工作的现状、水平、成绩和不足，都离不开反馈信息的处理，而这主要是通过统计工作实现的。比如，要了解档案用户的需求，就要通过调查研究得到大量的数据资料，然后对这些数据资料进行及时地整理、分析，就可以总结出档案用户的需求情况、需求趋势等。

第二章 档案数字化管理基础

第一节 档案数字化的概念与意义

一、档案数字化的含义

对于档案数字化，有广义和狭义之分。

广义的档案数字化，是指通过一定的技术手段将存储于传统载体上的、以模拟形态存在的档案信息转化为以数字形态存在的、计算机可以识别和处理的信息，并对其进行存储、组织、检索、维护的过程。

狭义的档案数字化，又称数字化加工或数字化转换，是指通过一定的技术手段将存储于传统载体上的、以模拟形态存在的档案信息转化为以数字形态存在的、计算机可以识别和处理的信息的过程。可以转换为数字化信息的档案类型包括纸质档案、照片档案、录音档案、录像档案、缩微胶片等，转换之后的数字信息可以有文本、图形、图像、音频、视频等多种媒体形式。

从定义中可以看出，狭义的档案数字化是广义的档案数字化的基础和核心。

二、档案数字化的重要性

档案数字化的重要性主要表现在以下四个方面：

（一）能够实现资源的高度共享

传统的档案管理多为纸质档案，查阅档案必须去档案管理机构，不仅使用不便，还使得传统的资源管理、档案资源的传递以及共享也变得较为困难。在档案数字化条件下，通过扫描、转化等技术手段对纸质文件、照片、音频等各种载体的原始档案资料转化为电子资源，同时建立档案管理数据库，统一进行保存、管理，并将其纳入档案机构局域网的建设中，结合办公自动化系统、ERP 系统等信息系统，建立文档一体化管理体系和授权查阅机制，让档案管理人员结合自身的管理职责及各自的权限设置在档案管理系统中申请查阅所需的资料，从而达到简化工作流程、实现档案管理使用一体化的目的。同时，各档案管理机构还可以通过共享平台来完善现有的档案资料，提高资源的完整性，实现资源的高度共享。

（二）能够提高档案机构的工作效率

传统的档案管理和保管都是由工作人员亲自操作的，存在工作效率低、人工查询慢、占用空间大的缺点。随着时间的推移，传统纸质档案容易受潮和变质，在传送和利用的过程中，还可能破损或丢失，对这类档案的修复和补救工作也较为困难。档案数字化可以解决上述问题，采用数字化手段，能够有效提高工作效率，减少繁重的手工劳动。计算机网络的存储为档案信息保存的持久性提供了保障，也使得信息保存不再受时间的限制。

（三）能够保障管理的安全性和保密性

对国家和社会的发展来说，档案是重要的信息资源，直接影响社会的进步与发展。档案一旦丢失或破坏，往往会造成无法挽回的损失。采用数字化管理手段，能够有效地加强信息的安全性以及保密性，可以随时随地进行信息的检查，确保信息的安全。

（四）能够促进社会的文化繁荣

随着社会文明程度的不断提高，人们除了重视物质生活质量的不断提高之外，还十分重视精神生活的质量。在物质文明达到一定程度之后，社会公众对精神生活的追求也已成为生活不可缺少的内容，成为现代文明生活的标志。

档案数字化为实现社会共享档案馆所保存的丰富的档案资源创造了条件，提供了更多的可能性。档案馆以其独特的具有重要价值的信息资源主动服务于民，就有可能为自身的发展开辟更加广阔的前景。数字化的档案资源，快捷的网络系统拓宽了档案馆的文化空间，同时档案信息资源的利用具有互动性、亲和性等特点，从而使作为公益性文化事业有机组成部分的档案具有全民性和健康文化的导向性。它的存在和发展对于满足人民日益增长的物质文化生活的需要、繁荣社会文化具有积极的促进作用。

三、档案数字化的必要性

（一）档案数字化是社会发展的需要

档案中包含了大量原始凭证，是最真实、最可靠、最具说服力的历史记录，同时也是国家信息资源的重要组成部分，具有不可估量的社会经济价值。如今，广大公众对档案信息的需求量正不断增加，人们越来越多地关注档案信息获取的时效性和便捷性。计算机技术和网络技术的出现，使得社会大众更加方便快捷地利用档案资源成为可能。电子档案相比传统档案载体来说，既方便获取，又不会对档案原件造成损坏。档案部门只有尽快改变传统的管理、检索和利用方式，实现档案数字化，才能及时、准确地为社会各界提供服务，进一步实现档案信息资源的共享。

（二）档案数字化是档案工作发展的必然趋势

这是由电子档案本身的特点所决定的。传统的纸质档案载体容量非常有限，且成本偏高，而电子档案的载体容量很大，可以节约大量成本和档案保存空间；纸质档案一旦遭到破坏，便很难恢复，而电子档案具有容易备份的特点，可以通过保留多份备份文件来避免档案受损；在利用纸质档案时，有时需要翻阅几十卷甚至几百卷的档案，工作十分繁重，而在查询电子档案时，只须利用计算机，就可以在几秒钟内检索到所需的内容，十分方便；纸质档案只能复印历史记录，无法满足编辑处理需求，而电子档案可以利用先进设备和技术进行处理，达到可以编辑的目的。

（三）档案数字化是开发和利用档案信息资源的基础

要想有效地开发利用档案信息资源，就必须实现档案的数字化，为社会服务。通过档案数字化，可以开辟全新的档案信息资源利用网络体系，可以确保档案信息资源开发和利用的准确性和时效性，可以克服地域限制，实现大范围内档案信息资源的利用和服务。总之，随着信息社会的飞速发展，社会对档案信息资源的利用越来越频繁。只有实现档案数字化，才能最大限度地开发利用好档案信息资源，才能使档案工作与社会经济同步发展，更好地为经济社会发展服务。

第二节　档案数字化的核心流程

档案的数字化工作就是利用先进的信息技术实现对非数字化的各类型档案（如纸质档案、录音、录像带等）的数字化处理。从这一角度来看，档案数字化的核心流程主要包括纸质档案扫描、照片档案扫描和录音录像档案数字化。

一、纸质档案扫描

纸质档案是档案数字化的主要对象，其数字化工作的核心内容包括档案实体信息的扫描制作、图像处理、存储备份、数据输出等，对于规模化的数字化工作往往需要建立相应的纸质档案扫描管理系统，以实现对纸质档案扫描数据的批量处理及大容量存储，并实现档案目录数据与档案内容数据的有效挂接。

除了对个别质地脆弱的纸质原件需要通过拍照方式进行数字化以外，扫描是目前最常用的、能够快速对大量的馆藏纸质档案以及图纸资料进行数字化的技术方式。纸质档案扫描首先需要选择合适的扫描设备，确立合适的扫描技术指标。一般情况下，保管时间较长、纸质状况较差的档案应采用平板扫描仪逐页进行扫描，而对于纸张质量好的档案文件可以采用高速扫描设备扫描，以提高扫描的速度和效率。扫描的准确度可以通过正确设置适当的分辨率来实现。

根据《纸质档案数字化技术规范》的规定，纸质档案扫描的工作流程为档案出库、档案整理、档案著录、档案扫描、图像处理、图像质检、数据挂接、数据验收、数据存储与备份、档案装订还原与归档。

（一）档案出库

进行数字化的纸质档案要按照数字化处理工作计划和进程顺序提取。档案从库房提取出库后，由接收人员与档案管理人员双方共同清点卷数、份数及页数，核对案卷封面上的信息是否与所调全宗相符合，确认无误后在交接单上签字。交接单可以一式两份，由双方各执一份。

（二）档案整理

档案整理是进行档案数字化扫描前的一个关键环节。在接收纸质档案并签字核定后，整理人员按照交接单认真核实案卷的完整性，对纸质档案进行分类排序，并筛选出需要扫描的档案，按照相关技术标准要求，把同一案卷中的扫描件与非扫描件分开，剔出无关和重复的文件，有正式件的文件可以不用扫描原稿。完成拆装、修复后，整理人员对每卷编写流水号、页号，按照数字化处理工作要求，合理分配各环节工作任务后将纸质档案交至档案著录环节。

对于破损严重、无法扫描的纸质档案，应采用技术手段进行纸张修裱；对于折角、皱褶的档案，可以采用较重的物体压平、烫平、蒸汽熏蒸的方法处理；对于霉变档案，可以采用清洗技术，若无法清洗，可以采用蒸汽熏蒸后再擦洗，将霉变污渍清除；对于热敏纸，可以采用加深复印的方式处理，所有操作都应以文字方式记录。如果对档案实体进行过调整并需要在备考表中注明的，应在备考表中注明。

（三）档案著录

在进行扫描前，需要对纸质档案进行著录，建立纸质档案目录数据库，包括档案目录数据的准备、档案目录数据准备的审核、档案目录数据录入、档案目录数据校对、档案目录数据备份和管理。档案目录数据的准备是指根据相关规范的要求，规范实体档案中的目录数据信息。包括规范档号，确定档案目录的著录项目、必备的著录项目，规范各著录项目的著录格式、字段长度和内容要求，修改错误的、不规范的案卷题名、责任者、起止页号、页数等项目，确保档案目录信息完整、准确、有效。档案目录数据准备的审核是对档案目录数据准备工作质量的检查、复核。档案目录数据录入是将经过规范整合和审查的档案目录数据信息录入计算机。档案目录数据校对是逐条检查著录的档案目录数据是否准确、完整和规范。档案目录数据备份和管理是将校对后的档案目录数据进行保存备份，以便后续使用。

（四）档案扫描

档案扫描是数字化加工流程中的核心环节，需要在扫描仪选择、文件存储位置与命名、色彩模式选择、分辨率选择等方面进行控制。

1. 选择扫描仪

应根据纸张的规格、质量状况、扫描要求等，选择最为合适的扫描仪进行档案数字化扫描工作。对于工程图纸、报纸等大幅面档案，可以采用大幅面扫描仪进行扫描；对于不能一次性完成扫描的纸质档案，可以进行分幅扫描，采用拼接的方法获得单一图像；对于不规则纸张、不拆卷档案等，可以采用书刊扫描仪进行扫描；对于纸张较厚、质量较高且数量较多的档案，可以采用高速扫描仪进行扫描；对于纸张较薄、易碎的档案，可以采用平板扫描仪进行扫描。

2. 确立扫描文件存储位置及命名规则

扫描需要确定存储位置和命名规则，如建立档案扫描数据存储总目录，并在总目录下建立批次档案相应的子目录。在子目录下，文件的命名可以与文件的档号一致；多页文件以单页形式存储时，可以采用该档号建立相应文件夹，按页码顺序对图像文件命名。

3. 选择合适的色彩模式

按照纸质档案数字化技术标准，扫描色彩模式一般有黑白二值、灰度、彩色等。对于页面为黑白二色，只有文字，且字迹清晰可见，无插图、表格等的档案，可以采用黑白二值扫描模式；对于页面为黑白二色，但字迹清晰度较差，带有插图、表格的档案，可以采用灰度扫描模式；对于页面带有除黑、白二色之外的其他颜色，如红头、印章、彩图等的档案，应采用彩色扫描模式。

4. 选择合适的扫描分辨率

按照纸质档案数字化技术标准，一般纸质档案扫描分辨率不小于 200 dpi，综合考虑信息技术的不断发展，为最大限度地采集档案信息，满足后续多种利用目的的需要，扫描分辨率建议不小于 300 dpi。若文字偏小、密集、清晰度较差，应适当提高分辨率。若有仿真、印刷、出版等其他用途，可以根据需要调整分辨率。

5. 选择扫描文件存储格式

用于典藏的纸质档案数字化可以存储为无损压缩 TIFF 格式，后期根据利用需要可转存为 JPEG、PDF 等格式。图像色彩应符合规定要求，在保证影像质量的前提下，尽量减少文件占用的存储空间。

（五）图像处理

纸质档案扫描完成后，按照纸质档案数字化技术规范，应对扫描后的图像进行精细处理，处理操作内容在之前章节已介绍，这里不再赘述。

通过图像处理技术，要做到图像清晰、不失真，保证图像数据信息完整，图像居中、不倾斜，特别是批示、便条、文件编号等重要信息不得随意裁切、涂改，以此保证数字化后产生的图像符合质量标准，图像效果最接近档案原件。

（六）图像质检

质检人员应根据相关标准规范，对处理后的数字化图像进行检验。具体工作内容包括：对档案拆分、扫描、修正、去污以及文本和图像页的匹配等进行全面检验，对于质量达不到要求的进行重扫、补扫；对于图像存在信息丢失、图像页面未进行处理且存在杂质，以及扫描图像排列顺序与档案原件不一致的，退回重扫；扫描件的清晰度应最大限度接近于档案原件，内容要完整，画面要端正，凡原件中可识别的内容，扫描后的图像文件在屏幕显示中和打印输出后都应能识别。

图像质检完成后，质检人员应及时详细记录图像质检结果和内容。

（七）数据挂接

数据挂接实现的是档案目录信息与扫描图像文件的关联关系，原则上挂接应通过纸质档案扫描系统自动进行。该系统的挂接功能可以将已录入的目录信息与已完成图像文件进行挂接，将目录数据与相关联的图像数据自动挂接，建立起对应的关联关系，实现目录条目与图像文件的批量挂接。

挂接完成后，质检人员应对挂接结果进行检查，核实目录条目与挂接的图像文件是否对应，以确保挂接内容的一致性。若出现挂接失败，应及时查找失败原因，判断是软件问题还是图像文件命名错误问题，进而解决问题。

（八）数据验收

纸质档案全部完成数字化加工后，无论是采用自建方式还是采用外包方式，都需要组织相关人员对数字化成果进行验收。原则上应采用计算机自动检验与人工检验相结合的方式对纸质档案数字化成果进行验收检验。对于能够采用计算机自动检验的项目，应采用计算机自动检验的方式进行100%检验，检验合格率应为100%。对于无法采用计算机自动检验的项目，可以采用抽检的方式进行人工检验。抽检比率不得低于5%，抽检合格率应为100%。实际应用时，相关单位可以根据需求，提高抽检比率。

（九）数据存储与备份

纸质档案数字化工作通过验收后，需要对数字化后的档案数据进行存储与备份。对于在单位内部进行的数字化加工，可以采用在线存储的方式，形成的图像档案数据必须完整无误地上传到指定的服务器。对于采用外包方式或不具备在线存储条件且需要对档案数据进行备份存储的档案信息，可以采用光盘、磁带、磁盘存储的方式进行档案数据的离线存储。

（十）档案装订还原与归档

纸质档案的数字化工作完成后，原则上档案原件仍须恢复到扫描前的状态。具体内容包括拆除过装订物的档案应按原有方式重新装订，并保持每页档案原有的排列顺序不变，装订时要求保持原装订孔和装订样式。然后，按照档案入库要求对纸质档案进行处理和清点，并履行档案入库手续。

二、照片档案扫描

照片档案是人们研究现状、分析历史的可靠凭证，是再现历史的宝贵文献资料。照片档案数字化转换后，不仅能以数字图像的形式提供查询利用，从而有效地保护档案原件，而且其图文并茂的特点丰富了档案信息资源提供社会化服务的形式和内容，是各级各类档案部门制作专题档案数据库、举办档案展览和开展档案宣传的重要素材。

总体上看，照片档案扫描流程与纸质档案扫描流程类似，具体包括数字化前处理、目录建库、图像采集、图像存储、图像处理、图像质检、数据挂接、数据验收、数据备份、成果管理。由于照片档案的图像采集、图像质检、数据挂接、数据验收、数据备份过程与纸质档案相同，这里不再重复介绍。

（一）数字化前处理

照片档案数字化前处理包括检查、整理、编序，以确认原件的完整性，必要时应采取相应的技术修复或清洁处理措施。由于胶片、相纸等材质在存放时有严格的温湿度要求，从库房转移到数字化工作场地后应首先进行温湿度平衡调节（三天以上），使照片相纸或胶片逐渐适应环境。检查照片档案外观时，需要详细记录有无破损、划伤、脆裂、粘连、粉剂脱落等情况，有无卷曲、变形等情况，有无可见性微斑、变色、生霉等情况，有无污渍、灰尘附着等情况。

（二）目录建库

这一步是按照规范目录数据库结构和著录要求建立照片案卷目录或卷内目录数据库。照片档案目录的著录项目和要求与纸质档案不完全相同。以某一省级档案馆为例，照片档案目录数据库结构对"数据字段名""字段类型""字段长度"都做了明确规定，27 个著录的数据字段中必选著录项 10 个，包括题名、摄影者、时间、全宗号、保管期限代码、册号、照片张号、底片张号、责任者、备注。照片号和底片号两个数据字段由上述必选著录项组成，照片号格式为"全宗号—保管期限代码—册号—照片张号"，底片号格式为"全宗号—保管期限代码—底片张号"。在著录环节要注意填写完整照片档案特有的著录项，如底片、摄影者、版权所有者、图片显示软件、版本等。

（三）图像存储

照片档案数字化一般采用灰度模式和彩色模式扫描，存储格式通常为 TIFF、JPEG。图像质量不仅要求清晰可读，还应尽量还原影像细节层次，色彩效果最接近档案原件。选择存储压缩率时，在条件允许的情况下，应选择不再压缩，以最优质量保存。

（四）图像处理

照片档案数字化图像处理原则上对扫描后生成的图像保留原貌不做调整。对确须调整的影像通常只可进行亮度、反差、去黑边等修正和调整性的简单编辑，不应对原有信息内容进行删除或修改。

（五）成果管理

由于照片后期利用需求的差别很大，普遍存在分级管理的要求，常见的分级为档案典藏级、复制加工级和浏览利用级。不同的存储级别，照片图像保存要求和用途不同。

档案典藏级的照片档案主要是存档，可用于出版和印刷，作为格式转换或图像复制的母本。照片档案数字化采集的图像文件采用 TIFF 格式或 JPEG 格式存储。

复制加工级的照片档案主要是作为加工复制各种精度、大小的屏幕浏览图像的母本文件，供网上有条件权限的访问。它通常由档案典藏级文件转换生成，以 JPEG 格式存储。

浏览利用级的照片档案可提供网上访问利用。它是由复制加工级 JPEG 文件降低分辨率批量转换生成。具体尺寸可以根据适用对象调整变化，如缩略图。

三、录音录像档案数字化

录音档案是以声音直接形成在物理载体上的历史记录。传统的录音载体有唱片、磁带、钢丝带等。录像档案是以影像直接形成在物理载体上的历史记录。传统录像的载体有电影胶片、录像带等。录音录像档案数字化是指采用数字化转换设备对录音录像信号进行数字化转换，将声音、影像的模拟信息转换成可以被计算机存储和处理的数字信息的过程。由于录音录像档案载体的理化性质比较特殊，其载体在自然衰变、老化或使用磨损后难以复原，有些类型的载体介质甚至在很短的时间内就会发生质量衰变，如磁带每次播放都会受到磨损，存放在库房中会随着时间推移导致复制质量下降。实验表明，存放五年以上的磁带质量已不宜用于广播级播放。因此，录音录像档案的数字化相比纸质档案更具挑战性和紧迫性。

录音录像模拟信号要想转换为计算机可识别的数字信号，必须配置能播放档案原件的录音机、录像机和安装有视音频采集卡的计算机等设备，以及与视频音频采集卡相配套的视频音频信号采集软件。录音录像档案转换系统还应具备视频音频的自动采集、编辑、发布等主要功能，并能实现索引的建立和目录数据与电子文件的自动挂接。

录音录像档案数字化的工作流程如下：录音录像档案整理、视频音频信号采集、视频音频文件存储和命名、数据质检、数据挂接、数据备份与管理。录音录像档案整理要求对录音录像档案进行清洁和品质的鉴定。视频音频信号采集是通过计算机与录音录像设备的连接，采集相应的视频音频数字信号。视频音频文件存储和命名要求采用规范、标准的格式对采集后的视频音频文件进行命名和存储。

数据质检是对采集的视频音频数字信号的质量进行检查，比较经过计算机采集后的视频音频数字信号与原信号是否相同，修正图像偏差、声音延迟等错误现象。视频音频文件压缩转换，视频音频信号采集后生成的 AVI、WAV 格式文件占用的存储容量太大，可按需要对其进行压缩转换。AVI 格式可转换成 MPEG、RM 或 RMVB 格式，WAV 格式可转换成 MP3 格式。数据挂接是建立目录数据和视频音频文件之间的一一对应关系。数据备份与管理是对验收合格的文件数据及时进行备份和管理。

第三节　档案数字化的业务流程

按照工作内容，档案数字化的业务流程可以分为档案数字化信息资源建设流程和档案数字化业务外包流程两个方面。其中，档案数字化信息资源建设借助档案管理系统创建、管理数字化档案，并向用户提供多样化的利用服务。

一、档案数字化信息资源建设流程

（一）预处理

预处理又称前处理，是档案数字化信息资源建设的第一步，主要内容包括鉴选、清点、登记、整理、清洁、修复等。鉴选是指依据档案数字化的目的，按照一定的原则和方法对数字化对象加以鉴定、选择，只有符合要求的实体档案，才有必要进行数字化转换。确定要数字化的对象后，应对其规格、数量进行清点、登记，并开展必要的整理、清洁和修复工作，使待数字化的实体档案及其目录有序化，为下一步的数字化转换做好准备，提供规范的目录数据和可直接进行数字化加工的实体。具体工作内容包括目录的规范、补全、修正，以及档案实体的扫灰、除虫、拆卷、分类、修复等。对于老旧的录音、录像磁带，数字化加工之前也应进行修复处理。

（二）数字化加工/转换

将记录在传统载体的档案信息通过模数转换技术和设备转换为以数字形式表示的信息资源。不同类型的实体档案，使用的模数转换技术和设备不同。纸质档案、照片的数字化加工主要采用扫描仪、数码相机等设备加以扫描或拍照，缩微胶片的数字化主要采用缩微胶片扫描仪加以扫描，录音档案的数字化设备主要是音频采集卡，录像档案的数字化设备则是视频采集卡，录音、录像的输出设备通过特定的视频音频传输线与视频音频采集卡相连，视频音频采集卡安装在计算机上。

这一阶段的关键问题在于数字档案技术参数的选择。在选择数字档案技术参数时，应兼顾以下三个方面的需求：第一，原始信息的保真，数字信息应尽可能清晰、准确地再现档案原件的面貌；第二，用户利用的便利，数字信息应便于传输、浏览，可满足不同用户的操作要求；第三，档案原件的保护，数字化加工过程要保证档案原件，尤其是濒危档案不受损失。这些方面的需求可能是矛盾的，如从存档的角度来看，要求数字失真程度低，失真程度越小的计算机文件容量越大；从利用的角度来看，容量大的文件传输速度慢。积极吸纳国际、国内成熟稳定的标准规范、指南、手册的规定和建议，切实把握档案数字化信息资源利用和管理的需求，将有助于提高档案数字化的水平。

（三）信息处理

信息处理是指对数字化所得的图像、多媒体信息加以处理，以符合利用需求。具体的工作内容包括核对（对照原始档案进行）、压缩、去边、去污、去噪、去干扰，采用光学符号识别技术对图像中的文字加以识别，通过语音识别技术对录音中的声音进行文字记录。在需要时，还可嵌入数字水印，以保护数字化档案资源的知识产权。

（四）信息组织

信息组织负责建立机读目录和索引，创建目录、全文、多媒体等数据库，并将数字化信息（图像、原文、音频、视频等）与目录、索引信息加以挂接。

著录是获取档案中所含信息的主要途径，机读目录的著录质量关系到数字化档案信息的检查和维护工作的难易，历来都是理论和实践关注的重点，著录标准化又是重中之重。若在数字化加工之前已建有机读目录，则需要补充一些必要的著录项目，如档案数字化信息资源的计算机文件名、存储位置、格式等；还可能需要修正完善一些必要的著录项目，如关键词、摘要等。对于有研究价值的历史档案信息，这个阶段还可能需要开展必要的研究工作，如对原文中人名、地名信息的考证，应将考证结果和考证依据资料一并予以著录。

（五）信息存储

信息存储是指为数字化档案及其目录信息选择恰当的存储介质、存储方式和存储架构。档案数字化信息资源的存储要求、方法与电子文件的存储要求、方法基本一致。

（六）信息服务

便于传输、利用是数字信息的一大特色，在更大范围为更多用户提供更及时、更满意的服务也是档案数字化的根本动力。具体利用方式要视馆藏的具体情况而定。综合档案馆的数字化馆藏凡属公开范围的，宜通过互联网网站的方式对外发布，提供在线利用。档案室的数字化信息则宜通过内部网络为内部用户所共享。负有公共服务职责的机构，也应考虑通过在线查询、就地阅览等方式的综合应用为公众提供服务。

目前，国内外很多数字影像的在线服务方式是提供免费的在线目录检索和小尺寸、低分辨率图像的浏览，而原始尺寸、高分辨率的影像利用，则需要申请付费使用。其实，数字化手段在很大程度上提高了档案馆的服务能力和响应速度，一些档案馆已经接近或达到商业机构的服务水准。

二、档案数字化业务外包流程

应当对档案数字化外包业务进行科学管理，建立充分的评估、管理和监测机制。具体而言，档案数字化外包业务包括以下内容：

（一）工作量估算

业务范围的确定是档案数字化业务外包的第一步，哪些档案数字化业务可以拿出去外包生产、具体工作量如何估算等，这些直接关系到外包过程中风险防范、安全监测、人员安排、投资估算等重要环节。首先，档案部门应制定档案数字化外包加工的相关安全管理制度，按照这一制度，明确馆（室）藏档案中可以开展档案数字化外包业务的范围，如涉密档案不得外包加工等，在此前提下明确档案数字化外包对象；其次，在确定档案数字化外包业务范围的基础上，估算出档案数字化外包业务的数量。

（二）鉴定整理

鉴定整理是确保档案数字化工作质量的基础环节。档案部门实施档案数字化业务外包之前，应明确是由档案部门自行开展档案的鉴定，还是由外包商承接从鉴定整理开始直至数据安全移交的整个流程。由于档案的鉴定整理是一项专业性较强的工作内容，建议由档案部门自行开展，同时规划好档案部门与外包商之间的业务衔接，把握好流程管理、质量监控等环节，就能达到较好的预期效果。

（三）经费预算

经费预算是档案数字化外包加工组织的重要环节，做好资金的预算关系到能否开展这项业务、如何开展、由谁来开展以及开展这项业务时间的长短等。外包商的报价是否合理，档案部门作为外包业务的发起人怎样才能准确地做好投资估算、合理地使用资金，这些都是档案部门进行档案数字化业务外包时面对的具体问题。档案数字化业务外包的经费预算与一般的设备招标、工程招标不同，由于需要数字化外包的档案往往是海量的，具体的工作量一般由估算而来。

（四）合同洽商

合同洽商应建立在双方平等和相互信任的基础上，注重细节、分清责任。作为档案数字化外包业务的委托方和受托方，档案部门和外包商首先要明确委托事项，同时档案部门应明确档案数字化质量要求及验收标准，提供相关依据性文件；双方应就档案数字化成果的移交以及经费结算的要求做具体的说明；要明确委托方的权利义务、受托方的权利义务以及双方共同的权利义务，规定违约责任；协商合同终止、修改和争议解决的具体办法和途径；等等。

（五）安全保障

档案是国家珍贵的财富，是不可再生资源，各级档案部门肩负着档案安全管理的重大责任。当档案部门决定实施档案数字化业务外包时，最大的风险不在于资金、期限、合作纠纷等，而在于因加工人员的责任心不强、加工方式不当造成的档案毁损，以及因管理不善造成的档案流失。对此，档案部门应事先制定各种载体档案的数字化技术标准、操作规程、产品质量标准、管理制度等依据性文件，在与外包商洽谈时，以此为依据，要求其严格遵守并写入合同，要明确违约的法律责任，甚至有必要另外签署一份安全保密协议。此外，档案部门还必须指派本单位的专业人员参与档案数字化外包业务的流程管理和现场业务指导，这是保证档案安全另一个必不可少的重要措施。

（六）数据接收

在数据接收阶段，最重要的是做好档案数据的质量检查和项目验收。保证档案数字化成果质量的前提是档案部门必须有健全的档案数字化质量保障体系，即制定严格的档案数字化成果验收标准，配备专门的验收人员，执行严格的数据审批和移交接收程序。验收合格的数据应按有关标准和档案部门的具体要求做好多套备份，检查无误后办理移交接收手续。从档案安全的角度来说，做好数据的接收是安全保障的最后一个环节。档案部门在安全、完整、有效地接收外包商移交的质量合格的档案数字化成果的同时，要做好外包商方面的数据彻底清除和销毁的安全监管工作，保证档案数据的无遗漏、不流失。

第四节　档案数字化的技术要求

档案数字化过程中每一个阶段都需要现代科学技术的支持。本节主要讲述将模拟信息转化为数字信息的数字化加工技术以及对数字化加工所得信息进行识别的数字化识别技术。

一、数字化加工技术

数字化加工技术因档案的不同材质和记录方式不同而不同。纸质档案、照片、底片、缩微胶片的数字化主要采用的是扫描技术。如果扫描效果不好，或者载体无法扫描时，可以采用数码拍摄的方法。而录音档案和录像档案可以采用针对声音、视频的模数转换技术，也可以采用数字录音、数字摄像的方法。

（一）扫描技术

1. 扫描仪的技术指标

（1）光学分辨率

光学分辨率是指扫描仪在扫描时所达到的精细程度，它是衡量扫描仪性能高低的重要指标。它通过扫描元件将扫描对象每英寸可以捕获的点数来表示，单位是 dpi。dpi 的数值越大，扫描的效果越好。它表示的方式是用垂直分辨率和水平分辨率相乘。例如 600 dpi×1200 dpi，前一个数字代表扫描仪的横向分辨率，后一个数字代表扫描仪的纵向分辨率。扫描仪的纵向分辨率是横向分辨率的两倍，有时甚至是四倍。因此，在判断扫描仪光学分辨率时，应该以最小的数值为准。

（2）色彩位数

色彩位数又称色深，是用于表示扫描仪所能辨析的色彩范围的指标，是对采样来的每一个像素点提供的不同通道的数字化位数的叠加值。通常情况下，扫描仪的色彩位数越多，就越能真实反映原始图像的色彩，扫描仪所反映的色彩就越丰富，所扫出图像的效果也就越真实，但是所形成的数据量也随之增大，导致图像文件的体积也增大。

色彩位数一般采用红绿蓝（RGB）三通道的数值总和来表达。常见的 24 位、30 位、36 位彩色扫描仪，它们每通道的量化数值分别为 8 位、10 位、12 位，表示每通道内有 256、1024、4096 阶层次的信息。一般来说，扫描仪的色彩位数取决于扫描仪内部的模数转换器的精度，当色彩位数精度增加时，扫描设备可以捕捉的色彩细节也会增多。影响扫描仪的色彩精度的因素，除了有较高的模数转换精度外，还需要有完善的光路系统设计。

（3）灰度级

灰度级反映了扫描时提供由暗到亮层次范围的能力，即从纯黑到纯白之间平滑过渡的能力。灰度级越大，扫描结果的层次越丰富，扫描的效果就越好。常见的灰度级为 8 位，即 256 级。

（4）扫描幅面

扫描幅面反映的是扫描仪所能扫描纸张的大小，它取决于扫描仪的内部结构设计和扫描仪的外部物理尺寸。扫描的幅面尺寸一般为 A4（297mm×210mm）、A3（420 mm×297mm），工程扫描仪还有 A0（841mm×1189mm）幅面。

（5）扫描速度

扫描速度是扫描仪的一个重要指标，是指扫描仪从预览开始到图像扫描完成后，光头移动的时间。扫描速度的表示方式一般有两种：一种用扫描标准 A4 幅面所用的时间来表示，另一种使用扫描仪完成一行扫描的时间来表示。扫描仪扫描的速度与系统配置、扫描分辨率设置、扫描尺寸、放大倍率等有密切关系。

（6）接口类型

扫描仪与计算机连接的接口类型有 SCSI、EPP、USB、IEEE 1394 等。

2. 扫描仪的种类

（1）平板扫描仪

平板扫描仪主要扫描反射稿件。它的扫描区域为一块透明的平板玻璃，将原图放在这块玻璃平板上，光源系统通过一个传动结构水平移动，发射出的光线照射在原图上，经反射或透射后，由接收系统接收并生成模拟信号，再通过 A/D 转换成数字信号，直接传送到电脑，由电脑进行相应的处理，完成扫描过程。平板式扫描仪的扫描速度、精度、质量很好，光学分辨率在 300~8000 dpi，已得到了普及。

（2）滚筒式扫描仪

把原图贴在一个干净的有机玻璃滚筒上，让滚筒以一定的速率（通常是每分钟 300~1500 转）围绕一个光电系统（常称为"探头"）旋转。探头中有一个亮光源，发射出的光线通过细小的锥形光圈照射在原图上，一次一个像素一个像素地进行采样。如果原图采用的是反射型介质（如不透明的纸张），那么探头从滚筒的外面照射，反射回来的光线通过一套分光滤色系统将其分成 RGB 三束光，再由接收系统接收并生成模拟信号。如果原图是透射型介质（如幻灯片、投影用的胶片等），那么探头是从滚筒的内部照射，接收系统接收的是透射光。生成的模拟信号由模数转换器（简称"ADC"）转换成数字信号，通过滚筒式扫描仪内的单板机处理后，将信号传送给计算机，完成扫描过程。

由于滚筒式扫描仪的结构特殊，其优点非常明显：光学分辨率高（2500~8000 dpi）、高色深（30~48 bit）、宽动态范围、能处理大幅面的图像、速度快、生产率高。这使得滚筒式扫描仪输出的图像普遍色彩还原逼真、阴影区细节丰富、放大效果优秀。当然，它的缺点也很明显：占地面积大、造价非常昂贵（是平板扫描仪的 5~50 倍）、市场上很少见到。

（3）胶片扫描仪

胶片扫描仪支持大幅面快速胶片扫描，图像不需要拼接；扫描后的图像自动转换为数字化 DICOM/DICONDE 格式，方便光盘进行胶片图像长期存储、快速查询、调阅光盘图像，方便对外交流；光学分辨率在 1000~2700 dpi。

（二）录音档案的模数转换技术

通过由放音设备、音频采集卡（声卡）、音频输入线、计算机等设备，以及相应的音频数字化软件搭建而成的录音档案数字化转换系统，可以将模拟声音信号转化为数字音频信号。其主要工作过程包括采样、量化和编码。通过系统的设置，这一过程可以批量化、自动化进行。

1. 采样

模拟的声音信号是连续变化的信号。采样是指每隔一定的时间，采集模拟声音信号的幅度值作为样本，以样本表示原来的信号。采样频率是采样过程中的重要技术参数，即每秒钟采集多少个声音样本，这是用数字信号表达声音精确度高低的参数。采样频率越高，即采样的时间间隔越短，声音波形就表达得越精确。理论上采样频率应大于声音信号最高频率的两倍。常见的采样频率有 11.025 kHz、22.05 kHz、44.1 kHz、48kHz 等，其中达到 CD 音质的采样频率为 4.1 kHz。

2. 量化

量化是指度量样本幅度值并表示为二进制码的过程。量化之前要规定信号的量化精度。量化精度又称样本大小、量化比特率，是指样本振幅值的等级，一般用二进制位数来表示，如 8 位、16 位等，达到 CD 音质的量化精度是 16 位。根据量化精度，可以明确每一个量化级别对应的幅度范围，将样本幅度值与之比较，就可以得出离散的量化值。量化精度越高，量化级别就越高，声音还原效果就越好。除了量化精度外，量化过程涉及的主要技术参数还有声道数。常见的声道数包括单声道、双声道、5+1 声道、7+1 声道等，声道数越多，音质越好。

3. 编码

编码是指用相应位数的二进制代码按照规定的格式表示量化后的样本。编码过程的技术参数有编码方式、文件格式、压缩算法等。常见的编码方式包括脉冲编码调制（PCM）无压缩编码和 MPEG-1 Layer 3 压缩编码，利用前者可形成 WAV 格式的音频文件，利用后者可形成 MP3 格式的音频文件。WAV 格式也支持多种压缩算法，通用性好，保真度高，常用作音频文件的存档格式；MP3 格式压缩比高，音质较好，是互联网上流行的音频格式，可用于录音档案的数字化。需要指出的是，凡压缩编码形成的音频文件在使用过程中，重复编码和解码会导致内容质量的损伤。

（三）录像档案的模数转换技术

通过由放像设备、视频采集压缩卡、视频输入线、计算机、编辑机等设备以及相应的视频数字化处理软件搭建而成的录像档案数字化转换系统，可以将模拟视频信号转化为数字视频信号。其主要工作过程同样包括采样、量化和编码。只是录像档案数字化过程比录音档案数字化过程要复杂，除了包含在其中的音频信号的采集之外，还要采集视频信号，而后者是由一系列静止的图像组成的。

录像档案数字化之后形成的视频文件，可根据用途选用 MPEG-1（VCD 格式）、MPEG-2（DVD 格式）、MPEG-4、RM、MOV、ASF 等格式。其中 MPEG-1格式、MPEG-2 格式主要用于存档，MPEG-4 格式、RM 格式、MOV 格式、ASF 格式则是用于网络传输的流媒体格式。目前，档案部门大多采用 MPEG-2 格式，相应的数据传输率不低于 4 Mbps。

二、数字化识别技术

在档案数字化领域得以应用的数字化识别技术主要有光学字符识别技术、图形矢量化技术和语音识别技术。

（一）光学字符识别技术

1. 定义

光学字符识别技术（OCR）是通过图像处理和模式识别技术对光学的字符进行识别的一种技术，是自动识别技术研究和应用领域中的一个重要方面。它是一种能够将文字自动识别录入电脑中的软件技术，是与扫描仪配套的主要软件，属于非键盘输入范畴，需要与图像输入设备（主要是扫描仪）相配合。

2. 系统构成

由于扫描仪的普及与广泛应用，光学字符识别软件只须提供连接扫描仪的接口，利用扫描仪驱动软件即可。光学字符识别软件主要是由图像处理模块、版面划分模块、文字识别模块和文字编辑模块四部分组成。

（1）图像处理模块

图像处理模块主要具有文稿扫描、图像缩放、图像旋转等功能。通过扫描仪输入后，文稿形成图像文件，图像处理模块可以对图像进行放大、去除污点和划痕，如果图像放置不正，可以手工或自动旋转图像，目的是为文字识别创造更好的条件，使识别率更高。

（2）版面划分模块

版面划分模块主要包括版面划分、更改划分，即对版面的理解、字符切分、归一化等，可以选择自动或手动两种版面划分方式。该模块的作用是将同一版面的文章、表格等分开，以便分别处理，并按照怎样的顺序进行识别。

（3）文字识别模块

文字识别模块是光学字符识别软件的核心部分，它对汉字只能是一个字一个字地辨认，即单字识别，再进行归一化。文字识别模块通过对不同样本汉字的特征进行提取，完成识别，自动查找可疑字，具有前后联想功能。

（4）文字编辑模块

文字编辑模块主要对光学字符识别后的文字进行修改、编辑，如系统识别认为有误，则文字会以醒目的红色或蓝色显示，并提供相似的文字供选择，选择编辑器供输出。

3. 工作流程

（1）图像采集

通过扫描仪、数码相机等光学设备将图像传入计算机，这是第一步。

（2）图像预处理

这一步是将整体图像分割为一个个的文字图像，包括图像的正规化、去噪、图像校正、图像分析、文字行与字分离等。

（3）特征抽取

这是光学字符识别技术的核心，目的是捕获字符的主要特征。特征分为以下两类：统计特征和结构特征。统计特征，如文字区域内的黑点数与白点数之比；结构特征，如笔画端点、交叉点的数量和位置。现在，大部分采用的是结构特征抽取法。

（4）对比特征

特征抽取之后，将之与比对数据库或特征数据库中的记录进行比对。

（5）判断识别

根据不同的特征，选用不同的方法进行比较，识别出字符。

（6）人工校正

光学字符识别技术的识别率还没有达到100%，自动识别后，人工校正和更正是必要的，汉字、英文字母和数字的混排，以及标点符号都是容易出错的地方。

（7）结果输出

这一步是将识别结果以恰当的方式进行存储，可以单独存成一份计算机文件，也可以将有关数据填入数据库中。

4. 识别技巧

分辨率的设置是文字识别的重要前提。一般来讲，扫描仪提供较多的图像信息，识别软件比较容易得出识别结果。但也不是说扫描分辨率设得越高识别正确率就越高，300 dpi 或 400 dpi 分辨率就已经适合大部分文档扫描。注意文字原稿的扫描识别，设置扫描分辨率时千万不要超过扫描仪的光学分辨率，不然会得不偿失。

扫描时适当地调整好亮度和对比度值，使扫描文件黑白分明，这对识别率的影响最为关键。扫描亮度和对比度值的设定以观察扫描后的图像中汉字的笔画较细但又不断开为原则。识别之前，先看看扫描得到的图像中文字质量如何，如果图像存在黑点或黑斑时或文字线条很粗很黑，分不清笔画时，说明亮度值太小了，应该增加亮度值；如果文字线条凹凸不平，有断线甚至图像中汉字轮廓严重残缺时，说明亮度值太大，应减小亮度。

如果要进行的文本是带有格式的，如粗体、斜体、首行缩进等，部分光学字符识别软件识别不出来，会丢失格式或出现乱码。如果必须扫描带有格式的文本，事先要确保使用的识别软件是否支持文字格式的扫描。也可以关闭样式识别系统，使软件集中注意力查找正确的字符，不再顾及字体和字体格式。

在扫描识别报纸或其他半透明文稿时，背面的文字会透过纸张混淆文字字形，从而对识别造成很大的障碍。遇到这类扫描，只要在扫描原稿的背面附加一张黑纸，扫描时，增加扫描对比度，即可减少背面模糊字体的影响，提高识别的正确率。

遇到图文混排的扫描原稿，首先要明确使用的识别软件是否支持自动分析图文这一功能。如果支持的话，在进行这类扫描识别时，光学字符识别软件会自动计算出文本的内容、位置和先后顺序，文字部分会按照标示顺序正常识别。

在放置扫描原稿时，把扫描的文字材料一定要摆放在扫描起始线正中，以最大限度地减小由于光学透镜导致的失真。同时应保护扫描仪玻璃的干净和不受损害。文字有一定角度的倾斜，或者是原稿文字部分为不正规排版，必须在扫描后使用旋转工具，进行纠正；否则光学字符识别软件会将水平笔画当作斜笔画处理，识别正确率会下降很多。建议尽量将扫描原稿放正，用工具旋转纠正会降低图像质量，使字符识别更加困难。

先"预览"整体版面，选定要扫描的区域，再用"放大预览"工具，选择一小块进行放大显示到全屏幕，观察其文字的对比度，文字的深浅浓度，根据情况调整"阈值"的大小，最终要求文字清晰，不浓不淡，一般以"阈值"80左右为宜，最后再扫描。

用工具擦掉图像污点，包括原来版面中的不需要识别的插图、分隔线等，使文字图像中除了文字没有一点儿多余的东西，这样可以提高识别率并减少识别后的修改工作。

（二）图形矢量化技术

1. 定义

图形矢量化是对扫描所得的光栅图像数据加以分析、识别，最终重建其中的图形对象、形成矢量数据的过程。矢量化的图形是用直线和曲线来描述，这些图形的元素是一些点、线、矩形、多边形、圆、弧线等。矢量化后的图形可以利用计算机直接调用、编辑、计算、统计、分析图形要素，如点、线、面等，从而提高图形的利用效率。这一技术在工程设计、工程管理、测绘等领域应用得比较广泛。

2. 优点

使用图形矢量化技术有很多优点：第一，矢量化图形由简单的几何图形元素组成，比较紧凑，所占存储空间小；第二，矢量化图形易于进行编辑，对其进行编辑的时候，如进行旋转、拉伸、平移等操作时仅需要修改相应几何图形元素的参数信息；第三，用矢量表示的对象易于放大或者压缩，而且不会降低其在计算机中的显示质量，矢量化图形的放缩能够保持边角的尖锐，不会出现模糊，影响显示质量。

（三）语音识别技术

语音识别是将语音信号转变为相应的文本或命令的过程。语音识别技术是一种将语音信号转换为计算机可读文本的技术，它涉及声学、语音学、语言学、数字信号处理理论、信息论、计算机科学等众多学科。受限于语音信号的多样性和复杂性，语音信号质量易受环境、设备干扰和众多采集参数的影响，因此当前语音识别技术基本上只能应用于某些特定的场合。

第三章 档案数字化管理的设施与技术

第一节 档案数字化管理与建设的设施

一、网络基础设施

（一）服务器

服务器承担档案信息化数据存储、管理和应用系统运行的任务，具有高速度、高可靠性、高性能、大容量存储等特点，为各用户端的访问提供各种共享服务。

服务器是网络环境中的高性能计算机。所谓高性能，是指服务器的构成虽然与一般 PC 相似，但是它在稳定性、安全性、运行速度等方面都高于 PC，因为服务器的 CPU、芯片组、内存、磁盘系统等硬件配置都优于 PC。服务器接收网络上的其他计算机终端提交的服务请求，并提供相应的服务。为此，服务器必须具有承担和保障服务的能力。档案计算机网络系统建设可根据需要提供的功能、性能、数据量等配置一台或多台服务器。

1. 服务器功能的确定

服务器按照其提供的服务可以分为文件服务器、应用服务器、数据库服务器、Web 服务器等。由于档案管理系统的目录和全文数据量庞大，一般来说，应配置数据库服务器或文件服务器；如果涉及多媒体档案管理，为了提高系统性能，可以配置多媒体数据库服务器。此外，还可配置运行档案管理应用系统的应用服务器，不同级别或地域的档案部门可根据系统的规模各自配置或集中配置应用服务器。如须实现档案数据网上查询服务，配置 Web 服务器；如须加强档案馆安全管理，配置数据备份服务器；为了支持办公自动化系统中大量电子邮件发送，也可配置专用的 E-mail 服务器等。

2. 服务器数量的确定

根据本单位投入资金的多少、信息化应用的功能需求、数据的存储和分布要求等来考虑服务器的数量。原则上，FTP 服务器、E-mail 服务器、Web 服务器、内部业务服务器、数据服务器等都需要单独建设，但考虑到资金和安全等因素的限制，应至少建设一个支持办公管理的业务服务器、提供对外服务和内部公共服务及允许外网访问的公共服务器、支持档案管理工作运行并提供档案数据存储和管理服务的档案数据专用服务器。

3. 服务器性能的确定

不同架构、不同品牌、不同档次的服务器，其性能、质量、价格有很大的差别，选择服务器时要综合考虑档案业务的需求和资金条件，同时还要考虑选择能够提供良好服务的供应商。每个服务器的性能主要取决于 CPU、主板和服务器芯片组的性能，服务器系统的功能与可靠性取决于每台服务器的功能和服务器集群的部署与连接方式。

4. 操作系统的选择

每台服务器上安装的第一个软件就是操作系统。它是控制和管理计算机硬件与软件资源、支持计算机联网通信、提供多种应用服务的基础软件，也是各类应用程序加载、运行的软件支撑平台。

操作系统按照应用领域可分为桌面操作系统、服务器操作系统和嵌入式操作系统。一台服务器能够安装和兼容哪一类操作系统一般在出厂时就已基本确定，用户在选购服务器时也会连同操作系统一起购买。操作系统的选择同时需要考虑用户所选用的核心业务系统，如档案管理信息系统的应用程序运行模式、所需要的操作系统与数据库管理系统的支撑环境等。

5. 服务器连接与工作方式的确定

为确保网络数据的安全存储与高效访问，网络上的服务器通常采用集群工作方式实现互联，具有灾难备份系统的还可能在异地建立镜像服务器系统，服务器之间的通信与数据交换方式根据业务系统的需要而定，可以是实时的，也可以是定时的。

（二）应用软件

系统软件的特点是通用，它并不针对某一特定应用领域。而应用软件的特点是专用，即针对特定的管理业务，并应用于某些专用领域的信息管理。如用于政府信息化的电子政务系统、用于企业信息化的电子商务系统、用于辅助行政办公和决策的办公自动化系统、用于机关档案室信息化的数字档案室系统、用于档案馆信息化的数字档案馆系统等。这里所指的应用软件具有以下特点：一是在特定的操作系统环境下，运用特定的软件工具研制而成；二是针对特定的信息处理需求和管理业务需求进行设计开发，且应用于特定的专业领域、行业、单位或辅助特定的管理业务。

数据库管理系统 DBMS，是操纵和管理数据库的一组软件，用于建立、使用和维护数据库。DBMS 具有以下功能：一是描述数据库，运用数据描述语言，定义数据库结构；二是管理数据库，控制用户的并发性访问，数据存储与更新，对数据进行检索、排序、统计等操作；三是维护数据库，确保数据库中数据的完整、安全和保密，数据备份和恢复，数据库性能监视等；四是数据通信，利用各种方法控制数据共享的权限，在确保数据安全的前提下广泛共享数据。

各种工具软件：软件工具是指为支持计算机软件的开发、维护、模拟、移植或管理而研制的软件系统。它是为专门目的而开发的，在软件工程范围内也就是为实现软件生存期中的各种处理活动（包括管理、开发和维护）的自动化和半自动化而开发的软件。开发软件工具的最终目的是提高软件生产率和改善软件运行的质量。

（三）终端设备

终端设备是经由通信设施向计算机输入程序、数据或接收计算机输出处理结果的设备。这里所说的终端设备主要是指用于各类用户访问服务器或进行档案信息处理工作的主机、外存储器、输入和输出设备等。其中，输入终端设备有鼠标、键盘、手写板、麦克风、摄像头、扫描仪等；输出终端设备有显示器、音箱、打印机、传真机等。其他类别的终端设备有无线、路由器、网卡、闪盘、移动硬盘等。目前，档案网络终端设备的主机大多为 PC 机，又称终端机。影响终端机处理能力与速度的是主板，CPU、内存、显卡等组成计算机的核心部件，它的选择要根据各业务人员的工作要求进行。

终端机从网络应用的角度又称为"客户端"，常见的客户端分为两类：一类是胖客户端，是指主机配置较高档、数据处理能力较强的客户端。如一般工作中的 PC 机，它负责网络系统中大部分的业务逻辑处理，以减轻服务器的压力，降低对服务器性能的要求，因此对客户机的性能要求比较高。另一类是瘦客户端，是指数据处理能力比较弱的客户端，它基本上不处理业务逻辑，只专注于通过浏览器显示网络应用软件的用户界面，数据储存和逻辑处理基本上由服务器集中完成。网络终端机经历了从胖客户端到瘦客户端的发展历程。

目前，档案信息管理系统的网络终端大多为胖客户端，然而瘦客户端在档案信息化建设中的应用前景也不容忽视。瘦客户端配置的优越性如下：有利于档案数据的集中存储、高效管理和广泛共享利用；有利于对档案信息共享权限的集中控制和安全管理；有利于网络系统的维护、扩展和升级，通过客户端的即插即用可提高网络维护的便捷性和可靠性；有利于节约档案网络系统建设和维护的成本；有利于云计算技术在档案网络系统中的应用。此外，由于瘦客户端一般不配置软驱、光驱、硬盘等部件，从而杜绝病毒产生的来源，不易损坏，能显著提高系统的稳定性。

CPU 的技术指标主要由主频、总线速度、工作电压等决定，它也决定了计算机系统的技术效能和档次。一般来说，主频和总线速度越高，计算机系统运行的速度越快；工作电压越低，计算机电池续航时间越长，运行温度降低，也使 CPU 工作状态越稳定。当前各种移动终端的发展和普及就得益于 CPU 技术的迅猛发展。

（四）网络设备

网络设备是指用于网络连接、信号传输和转换等的各类传输介质、集线器、交换机、路由器、光电转换等设备。为了正确配置网络设备，首先需要确定档案信息网络连接的范围。该范围需要根据档案工作的内容、档案数据共享范围和密集程度来确定，一般分为内网、专网、外网和物理隔离网四个区域。内网是档案馆的内部局域网，一般部署在一幢建筑物内部或相邻近的大楼之间，覆盖大楼的不同楼层和房间。专网，即档案工作专用网，一般部署在档案形成单位与档案室、档案馆之间，或档案馆与档案馆之间。外网，即与互联网相连接的提供对外服务的网络，主要是方便档案利用者查询公开上网的档案信息。物理隔离网，是由一台或多台与任何其他网络在设备和网络线路上完全隔离的终端机或服务器系统，用以存放和管理保密档案。网络体系的结构主要有三种，不同结构有不同的特点和适用范围，也有不同的网络连接设备。

总线结构。它是通过一根电缆，将各节点的计算机系统连接起来的。该结构连接简单，易于安装，传输速率较高，便于维护。缺点是任何节点的故障，都会影响整个网络的运行。这种结构适用于 10~20 个工作站的小型档案馆。

星形结构。该结构将网络中的所有节点都连接到一个集线器上，由该集线器向目标节点发送数据。因此，该结构不会因一台工作站发生故障而影响整个网络。缺点是一旦集线器发生故障将影响整个网络。这种结构适用于网络节点位置分散的大型档案馆。

环形结构。该结构连接各节点的电缆组成一个封闭的环形，结构简单，相对容易控制，但在环中传输的信息必须经过每一个节点，任何节点的故障都会使这个网络受阻，因此在档案馆网络建设中很少使用。

目前，档案馆局域网中使用最多的还是以太网，其拓扑结构是总线型或星型，传输介质可以是同轴电缆或双绞线，具有建设投资小、网络性能好、安装简单、网络互操作性强、数据传输速度快等优点，其缺点是当网络信息流量较大时性能会下降。因此，以太网被广泛应用于中小型档案馆。网络连接设备分为内网连接和外网连接两类。内网即局域网，其连接设备包括网卡、集线器、中继器、交换机等。外网即互联网以及与互联网相连的广域网、城域网等，外网连接设备包括网桥、路由器、网关等。网络设备还有用于保护档案数据、信息系统和网络平台安全的硬件设施及其他配套设备，如用于终端机和服务器等数字设备的断电保护，使数字设备在断电之后仍能正常运行，提升系统运行的稳定性、可靠性。

二、数字化设备

(一) 纸质档案的数字化设备

1. 扫描仪

扫描仪是利用光电技术和数字处理技术，以扫描方式将图形或图像信息转换为数字信号的设备。扫描仪是目前纸质档案数字化的主要设备。正确选择扫描仪对于提高纸质档案数字化的效率和质量十分重要。

扫描加工是馆藏中纸质、照片、缩微品等档案转变为数字化信息的主要方法，数字扫描仪是进行数字化处理的主要工具。在选择和使用扫描仪时，需要了解扫描仪的工作原理、分类方法、技术指标等，以实现对扫描设备的正确选择和科学使用。

扫描仪基本工作原理。扫描仪通过对原稿进行光学扫描，将光学图像传送到光电转换器中变为模拟电信号，又将模拟电信号变换为数字电信号，并通过计算机接口传送至计算机中。扫描仪的工作方式主要有反射式和透射式两种。

大多数平板扫描仪采用反射式扫描原理。在扫描仪内部，有一个步进电动机驱动的可移动拖架，拖架上有光源、反射镜片、透镜和 CCD 光电耦合元件等。扫描时，原稿固定不动，拖架移动，其上的光源随拖架移动，光线照射到正面向下的原稿上，其过程类似复印机。图片反射回来的光线通过反射镜片反射到透镜上，经过透镜的聚焦，投影到 CCD 光电耦合元件上，经过光电转换形成电信号，然后进行译码，将数字信号输出。

采用透射式扫描原理的扫描仪一般有两类：一类是专用胶片扫描仪，另一类是混合式扫描仪。专用胶片扫描仪的结构紧凑，反射镜片、透镜、CCD 和光源安装在固定架上，不能移动，可移动的是胶片原稿。扫描时，固定在移动架上的胶片原稿由步进电动机带动，进行缓慢移动，光源发出的光线透过胶片照射到反射镜片上，经过反射、聚焦，由 CCD 元件转换成电信号，最后经译码传送到主机中。混合式扫描仪是在普通平板扫描仪上增加一个带有独立光源和相应机构的配件，该扫描仪就具备了透射式扫描的特点，可扫描胶片的芯片和负片。在扫描时，胶片原稿固定不动，移动拖架在步进电动机的带动下移动，顶部的独立光源也同步地随之移动，该光源的光线穿透胶片照射到移动拖架上的反射镜片、透镜和 CCD 元件上，变成电信号，最后经过译码，把数字化图像送到主机中。

随着扫描仪使用的广泛普及，人们对扫描仪的精度、准确度、灵敏度、速度等都提出了较高的要求，扫描仪的生产厂家也在 RGB 同步扫描技术、高速图像处理技术、色彩增强技术、智能去网技术、光学分辨率倍增技术等方面不断研究和进步。同时，为了更好地满足用户的特殊使用要求，生产厂家将各种技术、图像处理系统与扫描仪的使用结合起来，开发出以人为本的功能更强、性能更好、使用更方便的零边距、无边距、无盲区、无变形、自动翻页等扫描仪。如全息无损、自动定位高速采集、超大幅面、智能化图文优化、图像文件批处理等都是一些新型产品具有的特点，大大提高了扫描加工的效率，降低了扫描加工人员的劳动强度。

2. 模数转换技术

声像档案的数字化过程与纸质档案完全不同，这是因为传统的声像都采用模拟的磁带、录音带、录像带来保存，必须通过模拟到数字转换才能实现数字化。

模数转换是将模拟输入信号转换成二进制数字信息的一种技术，主要包括采样、保持、量化和编程四个过程，实现这些过程的技术很多，并采用这些技术研制出各种转换设备和系统，在开展声像档案数字化过程中必须了解和熟练掌握这些设备的功能、性能和操作规程。模拟声像档案数字化的核心过程就是要完成声像档案的数据采集与数字化转存，实现声像档案从模拟数据向数字信息的转化。这个过程主要依靠模拟声像资料播放机数模转换线、视频采集卡、影像工作站等设备搭建的声像数模转换系统完成。声像数据的数字化转换过程是实时的，即一个小时的模拟声像资料转化为数字格式同样需要一个小时。

3. OCR 文字识别技术

档案内容数字化工作包括数字化预加工和深加工两步。预加工是通过扫描处理将纸质档案、照片档案、缩微胶片等转变为电子图像文件，不能将纸质档案上的文字信息进行完全处理；深加工则是需要获取档案内容中的文字信息，以提供档案的全文检索服务。

光学字符识别 OCR 就是用于从数字化档案的图像文件中以获取档案标引信

息和全文信息的一种技术。档案数字化加工的主要步骤包括图文输入、预处理、单字识别及后处理。

图文输入。它是指实现档案原件的数字化，通过扫描设备或数码拍照等方式形成档案的数字化图像文件。

预处理。它是在对数字化档案的图像文件进行文字识别之前做的一些准备工作，主要包括版面分析、图像净化、二值化处理、文字切分等。这一阶段的工作非常重要，其处理效果直接影响识别的准确率。

单字识别。它是文字识别的核心技术，主要包括文字特征抽取和分类判别算法。人之所以能够通过大脑简单地认识文字，是由于在人的大脑中已经保存了文字的基本特征，如文字的结构、笔画等。要想让计算机识别文字，首先也要存储类似的基本信息。那么，存储什么形式的信息以及如何提取这些信息，则是一件比较复杂的事情，而且需要达到很高的识别率。通常采用的方法是根据文字的笔画、特征点、投影信息、点的区域分布等进行分析，常用的分析方法是结构分析方法和统计分析方法。

后处理。它是指对识别出的文字进行匹配，即将单字识别的结果进行分词，与词库中的词进行比较，以提高系统的识别率，减少误识率。对于文字的识别，从文字类型上划分，通常分为印刷体文字的识别和手写体文字的识别；从识别的方式划分，通常分为在线识别和脱机识别。由于印刷体和手写体的文字特征差异较大，所以其处理方法是不相同的。

4. 数码翻拍仪

随着数码影像技术的飞速发展，一种新型的数字化设备——数码翻拍仪正在悄然流行。数码翻拍仪，又称数码拍摄仪、数码缩微仪等，是一种将数码相机安置在可垂直调节高低的支架上，用以拍摄文件材料或其他实物的数字化设备。目前，市场上数码翻拍仪按照翻拍性能、翻拍对象、尺寸等分为多种。

数码翻拍仪与扫描仪相比所具有的优越性。一是数字化速度快。平板式扫描仪每扫描一页文件都有扫描灯管的往复移动和翻盖的过程，扫描速度较慢，若采用 200dpi 来扫描 A4 幅面真彩图像，每分钟扫描加工数量一般为 1~2 页。而高速扫描仪对档案的纸张质量要求较高，容易损坏档案，因此使用有一定的局限性。用数码翻拍仪拍摄文档没有机械运动的过程，只是曝光一下，速度不到 1 秒，扫描加工数量一般可以做到每分钟 8~20 页。

二是对档案材料损害小，平板式扫描仪扫描装订的档案时，难以做到平整扫描，扫描的图像通常会倾斜或扭曲，导致后期处理工作量增加；高速扫描仪不拆档案根本无法加工。数码拍摄可以省略档案拆装过程。应用数码翻拍仪提供的低畸变镜头和图像变形处理软件，可以解决拍摄档案倾斜线条变形等问题，这不但大大提高了数字化处理的效率，而且避免档案在拆装过程中造成的损失。

三是加工对象直观。用扫描仪扫描文档，若要在扫描前浏览扫描图像的效果，一般需要选择扫描仪预览功能，这样就降低了扫描加工的速度。而数码翻拍仪的全部操作过程直观可见，即真正做到"所见即所得"。

四是加工对象不限于纸张。扫描仪一般只能扫描纸张材料，数码翻拍仪除了扫描纸张材料以外，还能翻拍特种载体的档案，如奖旗、奖牌，甚至奖杯等立体的物体。

五是便于调节扫描幅面。一般扫描仪只能扫 A4 幅面的纸质材料，扫大幅面图纸的扫描仪价格十分昂贵，利用率又不高，不适宜于一般机构配置。数码翻拍仪只要调节数码相机与底板的距离，就能灵活地选择拍摄不同幅面的纸质档案，这对于扫描尺寸频繁更换的档案特别具有优势。

数码翻拍仪与传统翻拍仪相比所具有的优越性。传统的翻拍仪采用传统相机进行档案拍摄和缩微，与之相比，数码翻拍仪具有以下显著优势：

使用成本低。传统的翻拍仪拍摄需要胶片，拍摄后需要冲洗显影，阅览需要购置专门的缩微阅读仪，使用成本和人力成本都比较高。数码翻拍仪的翻拍与普通数码相机一样，使用不需要耗材，拍摄图像有问题时，可立即重拍。拍摄形成的照片，任何计算机系统都可以阅读。

图像处理便捷。传统的翻拍仪形成的缩微片图像很难进行处置。数码翻拍仪形成的影像电子文件可以被灵活加工处理，如纠偏、去污点、去黑边框等；应用翻拍仪自带的 OCR 软件进行字符识别，将扫描形成的图像文件识别成可编辑的Word、PDF 等格式文件，进行二次编辑与加工；应用图像处理软件，将扫描中出现的线条扭曲、图像变形等问题进行纠正，有些数码翻拍仪还自带防畸变镜头，自动纠正大幅面图纸拍摄中四周弯曲的线条。

便于计算机技术应用。传统翻拍的缩微胶片不便于查找、传递、编辑、整理，这些缺点都是数码翻拍技术的优势。数码翻拍仪形成的电子文件，具有采集高效、处理灵活、传播迅速、检索快捷、多媒体集成、生动直观等缩微技术难以比拟的优势。

充分整合了数码相机技术。传统的翻拍仪一般只翻拍成黑白胶片，数码翻拍仪不仅能翻拍成黑白图像，还能翻拍成彩色图像。数码翻拍仪借助高分辨数码影像技术，拍摄图像清晰逼真、色彩丰富；支持色差、亮度、对比度、饱和度、伽马值等后期图像增强功能；能通过 USB 接口直接连接电脑，将拍摄的档案文件直接在电脑中显示或通过邮件发送出去，实现档案的无障碍传播；USB 能直接给翻拍仪供电，不需要另插电源；将所有拍摄操作按钮都整合在底板上，操作十分简便；突破传统使用扫描枪扫描条形码识别的方式，用户只须轻点鼠标，即可完成条码识别，不但提高了工作效率，也省下购买扫描枪的费用；可拍摄录像，将动态的图像，如手工翻阅档案的过程记录下来，用作视频编辑的素材。

灵活使用各种数码拍摄设备。有些数码翻拍仪的活动支架可以固定数码相机、手机等各种拍摄设备，用户可以借助拍摄设备翻拍档案材料。

数码翻拍仪的应用范围。数码翻拍仪是传统的复印、扫描、投影、拍照、录影等技术的融合，因为兼有这些技术的优点，它无论是对传统的翻拍缩微还是扫描技术来说都是一场变革，受到社会各领域的普遍关注和应用。目前，该技术已经广泛用于政务领域红头文件、往来信函等文件翻拍；银行传票、合同、抵押担保、会计凭证和信用卡等文件翻拍；证券期货行业股东账户开户、买卖合同、股东身份等文件翻拍；保险行业合同、发票、身份证等文件翻拍；工商税务行业税务年检等业务文件翻拍；学校学生学籍、成绩单等档案翻拍；国土行业房地契、图纸、合同等档案翻拍；司法行业往来信函、红头文件、法律文件、卷宗等档案翻拍；医疗行业病历、处方等档案翻拍；公安部门案件档案翻拍等。

数码翻拍仪在纸质档案数字化中的应用前景。尽管数码翻拍仪已经在各政府机关、企事业单位得到广泛的应用，然而在档案信息化中使用较少。其原因之一是档案界人士对这种设备的发展现状和趋势不够了解，以为它就是传统的缩微翻拍仪。由上述分析可知，它特别适用于以下情况：一是中小型企事业单位办公室或业务部门对尺寸频繁变化的文件材料进行数字化；二是各级各类档案馆或机关档案室对纸质材料老化，不便于拆卷的档案进行数字化；三是建筑设计、制造业等企业未购置大型扫描仪，又需要对大幅面图纸档案进行数字化；四是对奖旗、奖牌等实物档案进行数字化；五是对尚无条件对纸质档案数字化，但在利用时临时需要对查阅的档案进行数字化，以便通过网络提供远程查档服务。鉴于数码翻拍仪具有使用成本低、拍摄精度高、速度快、操作简便，又便于做 OCR 字符识别和其他图像处理等特点，相信会吸引越来越多的档案用户。随着数码翻拍仪应用范围的扩大，数码翻拍仪的功能和性能将会不断改进和完善。因此，它有可能在不远的将来，部分取代扫描仪，成为纸质档案数字化的得力工具。

5. 缩微胶片扫描仪

已经对纸质档案进行了缩微复制，可以采用专用设备——缩微胶片扫描仪，对缩微胶片上的影像进行数字化转换处理。缩微影像转换技术的应用，包括对缩微胶片进行扫描，把缩微模拟影像转换成数字影像，进行存储、还原和检索输出等。

缩微胶片扫描的优缺点。与纸质档案扫描相比，缩微胶片扫描的主要优点是：扫描速度快，节约时间和成本；没有尺寸和形状的限制，可以同时对各种幅面的纸质档案进行扫描；缩微胶片可以继续留存，作为数字档案备份的一种形式；可以进行批处理，操作简便易行；便于对图像做调节亮度、对比度、拉直和裁剪等优化处理；易于对输出的图像信息进行检索、阅读、打印和传递。缩微胶片扫描的主要缺点是：所得的图像已经是第二或第三次转化，失真明显，图像虽然可以强化，但有时效果不明显；一些胶片的状况较差，出现了划痕、装订线阴影等，影响扫描影像质量；扫描仪的分辨率不足以捕捉原件所有有价值的信息。

缩微胶片扫描设备的选择。缩微胶片扫描仪相对于纸质档案扫描仪，扫描效率要高得多。目前，缩微影像转换成数字影像的技术日趋成熟。选购缩微胶片数字扫描系统，既要考虑产品的技术领先，又要考虑适用以及性价比。选购时应考虑胶片类型，如缩微平片、封套片、开窗卡片、16 毫米胶卷、35 毫米胶卷等；放大倍率的范围；扫描速度，即每单位分辨率，如 4.5s/400dpi；光学分辨率和输出分辨率，如 300~800dpi 等。

（二）录音档案的数字化设备

1. 录音档案数字化的硬件

传统放音设备。根据拟数字化录音档案的规格、型号配置相应的放音设备，如开盘式放音机、钢丝带放音机、盒带录音机、电唱机等。放音设备必须能将声音源以电平信号的方式，通过音频输出插孔输出，若原设备不具有音频输出插孔，应进行改装。

模数转换设备。模数转换设备是录音档案数字化的核心部件，品质好的模数转换设备有低失真、低时延、高信噪比的特点。模数转换设备主要是声卡。声卡是多媒体技术中最基本的组成部分，是实现模拟信号和数字信号相互转化的一种硬件，其基本功能是将来自磁带、光盘、话筒等的原始声音信号加以转换。它的工作原理是将获取的模拟信号通过模数转换器，将声波振幅信号采样转换成一串数字信号，存储到计算机中。重放时，这些数字信号被输送到数模转换器，以同样的采样速度还原为模拟信号。声卡的技术指标主要包括以下两点：一是采样频率，采样频率越高，声音越保真。目前，声卡的采样频率一般应达到 44.1kHz 或 48kHz。二是样本大小，当前声卡以 16 位为主。8 位声卡对语音的处理也能满足需要，但播放音乐效果不是很好；16 位声卡可以达到 CD 音响水平。

内部声音混合调节器。内部声音混合调节器的主要功能是把不同输入源中输入的声音信号进行混合和音量调节，通常要求该混合器是可编程或可控制的。监听拾音设备，如监听音箱、监听耳机、话筒等。

2. 录音档案数字化的软件

数字化转换软件主要为音频制作软件。此外，Gold Wave 也是一种功能强大、占用空间少、免费共享的绿色软件，并且可以在互联网上免费下载。刻录软件也较多。

（三）录像档案的数字化设备

1. 录像档案数字化的硬件

放像设备。放像设备要按照录像档案载体的不同而做出不同的选择。受到数字设备的冲击，许多传统的放像设备已经退出市场。曾经流行的模拟录像带及其播放设备按照制式来分主要有 VHS、Beta 和 8 毫米等类型。VHS 是家用视频系统的缩写，这种录像机采用带宽为 1/2 英寸的磁带，习惯称"大 1/2 录像机"。

目前，档案馆保存的模拟录像带中绝大部分是 VHS 带。Beta 录像机采用不同于 VHS 的技术，图像质量优于 VHS 录像机，所用磁带的宽度也是 1/2 英寸，但磁带盒比 VHS 小，故又称"小 1/2 录像机"。8 毫米录像机综合了 VHS 和 Beta 录像机的优点，体积小，图像质量高，所用磁带宽度仅为 8 毫米。模拟录像机不仅有制式的不同，而且按照其信号记录方式及保真度的不同而分不同技术质量等级。不同制式、不同等级、不同品牌的录放设备及其不同性能的录像带，相互之间并不兼容，因此必须针对录像带的类型选择相应的放像设备。根据录像带规格、型号选用设备，如 WHS 放像机、3/4 放像机等。普通模拟录像机可输出清晰度在 200 多水平线的模拟录像，高清晰度模拟录像机可输出清晰度在 400 水平线的模拟录像；数码摄像机可输出清晰度在 500 水平线的数字录像。档案部门保存的录像带形式各异，主要有小 1/2 带、大 1/2 带、3/4 带等。与这些录像带匹配的可运行的放像机越来越少，档案部门应当尽快将这些珍贵的录像带做数字化处理。否则，将来这些古董放像机一旦淘汰灭绝，录像带中的影像就很难再现了。

视频采集设备。视频采集设备由高配置的多媒体计算机的内置或外置的视频采集压缩卡组成。录像档案数字化的一个重要工作是音像采集。所谓音像采集是指通过硬件设备把原录像带保存的模拟信号转换成数字信号采录至计算机中，以数字图像格式保存的过程。图像采集的过程是保证数字图像质量的关键环节，因此，正确选择采集所使用的硬件设备即采集卡至关重要。目前，市面上的采集卡种类较多，档次功能高低不一，按照其用途从高到低可分为广播级、专业级、民用级视频采集卡，档次不同采集图像的质量不同。档案部门应采用专业级以上的视频采集卡。视频的数据量非常之大，因此对计算机的速度要求很高。在未压缩的情况下，采集一分钟的视频数据可能超过几百兆，如果 CPU 和硬盘跟不上要求，将无法进行采集或者采集效果较差，如画面失真、停顿、掉帧等。

2. 录像档案数字化的软件

录像档案的采集、转换和编辑除了视频卡外，还需要借助视频采集软件和视频编辑系统来实现。通过视频采集软件，在实现录像档案的数字化采集之前，可以设定所须生成的视频文件格式，设置视频文件的各项参数，如调节录像信息的亮度、视频取样标准，以确保采集信号的质量。

采集软件。视频卡配套提供的视频采集软件功能相对简单，通常无法对视频信息进行复杂的编辑和转换。因此，对采集后的视频信息，在必要的情况下，可以使用专门的视频编辑软件甚至功能强大的非线性视频编辑系统进行编辑处理。视频编辑与文本编辑类似，是将采集好的视频素材进行二次加工，如插入、剪切、复制、粘贴、拼接视频片段等，还包括字母、图形乃至不同视频、音频的叠加、合成等。通过上述处理，在不破坏真实性的前提下，可以使录像档案更加清晰、美观和生动，并对视频内容进行适当的引导、指示和标注。

编辑软件。视频编辑软件是对视频进行录制、切割、合并、重组、批量处理、格式转换等制作的软件。当前，针对各种需要产生的视频格式繁多，而流媒体格式因其在网络浏览和传输支持上的优势，越来越得到广泛的青睐。现今信息产业界已开发出许多功能强大、界面友好的视频处理软件。

三、数据存储系统

（一）磁存储介质

1. 硬磁盘

它是由若干盘片重叠在一起放入密封盒内组成，盘片的结构类似软盘，盘片一般用合金或玻璃材料制作，磁性层则一般使用 $\gamma-Fe_2O_3$ 磁粉、金属膜等制成。硬盘的存储量大，数据传输速度快；硬盘盘片与驱动器装在密封容器内，不易受周围环境影响，工作稳定性好、可靠性高，由此常作为网络数据传输的在线存储介质。硬盘按尺寸分，有 5.25 英寸、3.5 英寸、2.5 英寸、1.8 英寸等。5.25 英寸硬盘早期用于台式机，已被淘汰。3.5 英寸台式机硬盘正广泛用于各式电脑；2.5 英寸硬盘广泛用于笔记本电脑及移动硬盘；1.8 英寸微型硬盘广泛用于超薄型笔记本电脑、移动硬盘及苹果机播放器。按转速分，有 5400 转/秒、7200 转/秒、10 000 转/秒和 15 000 转/秒。按存储方式分，有固态硬盘、机械硬盘、混合硬盘。相对于机械硬盘，目前的固态硬盘具有存取速度快、耗电量小、稳定性好等优点，也有存储量小、价格昂贵等缺点。混合硬盘起到扬长避短的作用，值得档案工作者关注。

2. 磁带

一般由聚酯薄膜带基和附着在带基上的磁性涂层，经过磁性定向、烘干、压光和切割等步骤制成。磁带存储容量大，数字磁带的最大容量已经达到 TB 级，在数据备份和档案文件存储等方面一直占据重要的地位；成本适宜，操作方便，只要通过一定的驱动器便能顺利地读取。但是，磁带是串行记录方式，存取速度较慢；工作方式为接触式，易使磁带、磁头磨损。鉴于磁带的这些特点，它适合用在按顺序存取数据、存储量大而读写次数少的电子档案备份系统中，可作为硬磁盘数据长期备份的存储介质。

3. 磁盘阵列

它是应用磁盘数据跨盘处理技术，通过组合多个硬盘，把多个读写请求分散到多个硬盘中来突破单个磁盘的极限，并使其协同工作。在使用过程中如同仅使用一个硬盘，却获取了比单个存储设备更快的速度、更好的稳定性、更大的存储能力、更高的容错能力。它可以按照用户对于存储容量的需求进行阵列配置，从而达到海量存储的要求。磁盘阵列系统存储容量大、安全性高。数据存储在由多个磁盘组成的磁盘组上，通过数据的冗余存储，可在一个或多个磁盘损坏、失效时，防止数据丢失；磁盘阵列通过并发读写，能够提高数据的存取速度，把多个硬盘驱动器连接在一起协同工作，大大提高了数据的读写功能。

4. 磁带库

它是一种机柜式的、将多台磁带机整合到一个封闭系统中的数据备份设备，是离线存储系统中的关键设备之一。它主要由磁带驱动器、机械臂和磁带构成，可实现磁带自动卸载和加载，在存储管理软件的控制下具有智能备份与恢复、监控统计等功能，能够满足高速度、高效率、高存储容量的要求，并具有强大的系统扩展能力。磁带库具有自动备份和恢复功能，可实现数据的连续备份，也可在驱动管理软件控制下实现智能恢复、实时监控和统计；存储量大，存储容量达到PB 级，备份能力也很强大，是集中式数据备份的主要设备。

（二）光存储介质

1. CD

CD 光盘采用红外激光器读取数据，存储容量较大，存储成本相对较低；在日常使用中易发生磨损，造成数据被错误读取和解析；在受力不均匀时易发生变形，造成数据无法读取。CD 采用单层储存形式，容量一般为 700M。由于光盘技术的迅速发展，目前该类光盘已经趋于淘汰。

2. DVD

DVD 与 CD 的外观极为相似，直径都是 120mm，一般单层容量约为 5G。DVD 分为预录制和可录制光盘两种。预录制光盘的数据只能由厂商用专用设备录制。可录制光盘又分为一次写入型和可擦写型两种。一次写入型光盘可用光盘刻录仪一次性刻录数据，但不能擦除。档案部门可利用这种光盘的特点，保存档案信息，防止归档电子文件被改写和篡改。可擦写型光盘录入的数据可擦除和重写，可反复使用。

3. 蓝光光盘（BD）

目前主流的单层 BD 容量为 25G，可烧录长达 4 小时的高清视频；双层 BD 容量为 50G；多层 BD 容量为 100G 以上。随着蓝光刻录机和盘片价格越来越低，BD 很有可能是继 CD、DVD 之后的档案数据又一主要存储介质。光盘共享技术的发展为大容量存储数字信息提供了可能，光盘塔和光盘库也成为存储电子档案的主要设备。

（三）电存储介质

电存储介质是继磁存储和光存储之后的利用半导体技术做成的一种新型存储介质，它通过电子电路以二进制方式实现信息的储存。电存储介质主要有闪存盘和数据存储卡。

四、数据存储技术

（一）直接存储技术

直接存储技术是目前存储数据的主要技术方法。直接存储技术是利用计算机等存储设备，将档案信息保存在性能稳定的载体上。存储载体主要包括只读光盘、一次写光盘、磁带、硬磁盘、可擦写光盘、光盘塔和磁带库等。其特点如下：投资低、读取速度慢；资料可供同时读取的人数少；检索光盘时，内部机械手臂容易出故障，光盘容易磨损划伤等。

（二）网络存储技术

在数字化高速发展的背景下，网络已经渗透到社会各领域的日常运营管理中。具有海量存储性能的网络存储产品及其组织与管理数字信息的软件系统的问世，为数字档案的存储提供了可能。各级机构建立的互联网、专网和内网则为档案的网络化收集、整理、归档、存储、传播利用提供了基础平台，这就需要借助网络在线存储技术以获得更可靠的存储，提供更快速的访问。

存储设备与主机的连接方式：主机与网络存储系统之间的连接方式有多种，主要有在线存储、近线存储和离线存储。磁盘阵列与服务器之间的直接连接就是采用在线存储方式，存取速度快，成本高，适合高速数据存取的应用场合；光盘库与主机之间采用近线存储方式，存取速度中等，成本合理，适合于对在线访问速度要求不高的档案馆、图书馆等；磁带库、脱机存储设备是采用离线存储方式，平均存取速度较低，成本也较低，适合大规模后备备份或者用以保密数据的保管和访问等。

存储设备与网络连接的接口标准：存储设备与网络的连接标准也有多种方式，主要有 SCSI 连接、光纤连接等。SCSI 连接和光纤连接是档案馆中通常使用的连接方式。

网络存储解决方案：网络存储领域最典型的代表有直接附加存储（DAS）、网络附加存储（NAS）、存储区域网（SAN）以及内容寻址存储（CAS）。事实上，DAS、NAS、SAN 和 CAS 是集数据存储硬件设备和数据管理软件系统于一体的存储解决方案。区别于介质存储的脱机方式，网络存储的主要作用是提供数字信息的在线访问，而数据管理则是解决网络上数据的组织、存取与访问方式，目的是管理数据并提供访问机制。通常采用关系型数据库管理系统、文件数据管理系统和内容存储管理系统等。

直接附加存储（DAS）技术。接附加存储通过电缆直接与服务器相连接，存储设备作为服务器的附加硬件，不带操作系统，直接接收所连服务器的 I/O 请求，完全依托服务器，通过服务器上的网卡向用户提供数据。它是典型的分散式存储模式。

DAS 是一种传统存储方式，是在本地将存储设备（磁盘、磁带、磁盘阵列、带库等）通过 SCSI 接口的电缆一对一地直接连接到服务器或者客户端的扩展接口上。它自己没有独立的操作系统，而是依赖其宿主设备——服务器或客户端的操作系统来完成对数据的存储与管理。服务器和存储设备之间的连接通道是独立的、专用的。存储设备只能由与其直接相连的服务器通过一个智能的控制器来访问。该方法主要是为了克服主机上驱动器槽的缺陷而发展的。当服务器需要更多的存储量，只要增加连接一个存储器就行了。该方法同时还允许一台服务器成为另外一台的镜像。这个功能是通过将服务器直接连到另一台服务器的界面上来实现的。

DAS 的优点是数据存储速度快，所有数据能够时刻在线，为用户提供快速的访问响应。不足之处在于大量占用服务器资源，当用户数增加或者服务器上的应用程序运行繁忙时，服务器就成了数据存储与访问的瓶颈，当网络上存储设备和服务器被添加进来，DAS 环境将导致服务器和存储孤岛数量的剧增，产生巨大的管理负担，并致使资源利用率低下。受到服务器扩展能力的限制，不可能进行无限度的扩容，容量会受到一定的限制，因此它比较适合于数字化信息量较小的档案馆使用。

网络附加存储（NAS）技术：网络附加存储是一种连接在网络上的存储设备。通常使用 RJ45 口，通过以太网向用户提供服务。采用集中式数据存储模式，将存储设备与服务器彻底分离。NAS 是一种基于文件级别的存储结构，存储设备直接连接到局域网上，具备文档存储功能的装置，系统通常使用 NFS（网络文件系统）或者 CIFS（通用互联文件系统），这两者都是基于 IP 的应用。它将存储设备从服务器上脱离出来，完全独立于网络中的主服务器，而连接到现有的网络上，通过网络共享方式给各客户机提供网络数据资源服务，客户机完全可以不经过服务器而直接访问存储设备上的数据。NAS 服务器一般由存储硬件、操作系统以及其上的文件系统等几部分组成。

第二节　档案数字化管理与建设的技术

一、物联网技术

（一）物联网的内涵

物联网（Internet of things）是通过装置在各类物体上的各种信息传感设备与互联网或无线网络相连而形成的一个巨大网络，是基于互联网、传统电信网等信息承载体，使所有能够被独立寻址的物理对象实现互联互通，具有普通对象设备化、自治终端互联化、普适服务智能化的特点。其目的是让所有的物品都与网络连接在一起，方便智能化识别、定位、跟踪、监控和管理。在技术上，物联网与云计算、大数据密不可分。

（二）物联网的特点

物联网是继计算机、互联网与移动通信网之后的世界信息产业第三次浪潮。物联网概念的问世，打破了之前的传统思维。物联网通过射频识别、红外感应、全球定位系统、激光扫描等信息传感设备，按照约定的协议，将所有的物通过互联网进行连接、信息交换和通信，实现智能化识别、定位、追踪、监控和管理。在智慧档案馆发展过程中，物联网技术的应用无处不在。过去的思路一直是将物理基础设施如机场、公路、建筑物和 IT 基础设施如数据中心，个人电脑、宽带分开。而在物联网时代，钢筋混凝土、电缆将与芯片、宽带整合为统一的基础设施，在此意义上，基础设施更像是一块新的地球工地，世界的运转就在它上面进行，其中包括经济管理、生产运行、社会管理乃至个人生活。

（三）物联网在智慧档案馆建设中的应用

1. 实现档案实体的智能化识别

物联网在智慧档案馆建设中起到重要的作用，传统的档案案卷管理是将案卷通过案卷号按照顺序进行排列，可以依照案卷号为线索找到所需要的档案案卷，但是这种服务模式效率低、耗时长，不能通过互联网进行远程访问、利用。物联网的相关技术主要包括：传感器、二维码、射频识别（RFID）和机器对机器（M2M）等，而物联网技术在智慧档案馆中的应用首先以射频识别（RFID）关键技术为主。智慧档案馆可以为档案实体植入 RFID 标签，使馆内的全部档案有了各自易于识别的身份证，方便记录该档案的存放地点、档号、档案名称、归档时间、利用状态等相关信息，把原来孤立存在的实体档案通过射频识别（RFID）等信息传感设备与互联网连接起来，实现智能化识别和管理，实现档案实体的网络互联。通过 RFID 的传感功能对外界的温度、湿度、位置进行有效的识别，同时利用 RFID 的跟踪、监控和管理功能将档案、设备、库房、建筑、档案工作者、用户之间建立网状联系，使档案工作者或用户可以感知档案的实体状态和内容信息，为档案信息的实时管理和智能服务创造有利条件。物联网在档案智能化识别、定位、跟踪监控和管理中实现档案实体信息与内容信息的一体化、交互化管理。

2. 基于物联网的档案实体管理

物联网技术有助于档案馆的档案实体管理，首先是将档案实体物联化，将每份档案上加入 RFID 标签，赋予其特定的数字信号，信号包含该档案题名、存放位置等相关信息，档案管理人员通过自动化设备可以实时读取档案的信息，定位档案实体的位置。可以利用读写设备对档案密集架上的档案进行盘查扫描，以检测每一件档案的状态，并将扫描到的信息与档案信息管理系统中的信息进行比对更新，从而及时发现档案丢失或者错位放置的问题。一旦出现档案实体的错位放置，读写设备就会报警提示，并通过精确的位置引导信息找到错位放置的档案，使其正确归位，从而提高档案信息管理系统对档案实体的监管能力和档案管理人员盘库的工作效率，降低库房档案管理的人力成本，极大地提高调档的效率。物联网技术彻底解决了档案实体与档案管理系统之间无法沟通的问题。物联网中每个联网节点都具有独立寻址的能力，因此通过植入传感节点的方式可以实现对每一份档案的实时感知和监测；同时，通过建立物联网管理系统与现有的档案信息管理系统的无缝链接，可以有效实现档案资源共享和档案实体快速灵活地查找、准确地区域定位、图形化导航索取、快速查库等智能化管理。

智慧档案馆中使用物联网技术，可以使档案馆更加全面地感知档案馆的人和物，甚至是档案建筑。基于物联网的档案感知系统，具体来说，档案馆可以在已经使用的二维码技术的基础上，通过射频识别技术，将档案资源、档案用户、档案馆建筑、设备资产等连接起来，实现一个全面的物联网，使得以上这些要素的主要数据能够被及时感知，并对这些感知数据进行及时处理，从而打造一个具有感知功能的智慧的档案管理平台，物联网环境下，用户在利用档案的过程中，如果需要借阅档案实体，借阅的过程将会变得更加方便与简捷。首先通过档案信息管理系统查找到档案目录，随后可以利用嵌入的传感器节点去图形化导航索取对应档案实体的物理位置并完成实体借阅。同时，由于每份档案都具有独一无二的电子标签，在通过读写设备完成档案实体借阅的过程中，档案实体的档号、题名、借阅人、借阅次数等多种信息被自动地记录到档案信息管理系统中，为后期的档案统计工作提供了极大的便利。

射频识别装置在技术发展的不断推动下逐渐扩展到红外感应器、全球定位系统、激光扫描器等，与互联网结合起来形成一个巨大网络，系统可以自动、实时地对物体进行识别、定位、追踪、监控并触发相应事件。建设面向档案馆工作人员的业务管理系统，通过智慧技术实现档案流、工作流的全程管理，推动部门间信息共享和业务协同。建设网格化管理的档案业务监督指导体系，实现档案归档及时指导、档案质量智能化监控、档案业务知识支持服务和档案管理模型的智能化构建，完善在线档案业务监督指导模式，提升监管效能。

二、云计算技术

（一）云计算的内涵

云计算（Cloud Computing）是继 20 世纪 80 年代大型计算机到客户端——服

务器的大转变之后的又一巨变，是在并行计算、分布式计算、网格计算、效用计算的基础上发展起来的，是与网络存储、虚拟化、负载均衡、热备份冗余等传统计算机和网络技术发展融合的产物，是经过无数次演化和改进才形成我们现在的云计算模型。云计算基于互联网的相关服务的增加、使用和交付模式，通常涉及通过互联网来提供动态易扩展且经常是虚拟化的资源。各种"云计算"的应用服务范围正日渐扩大，影响力也无可估量。它的定义有多种说法，云是网络、互联网的一种比喻说法。云计算可以让用户体验每秒 10 万亿次的运算能力，拥有这么强大的计算能力可以模拟核爆炸、预测气候变化和市场发展趋势。用户通过电脑、笔记本、手机等方式接入数据中心，按自己的需求进行运算。关于云计算的内涵，美国国家标准与技术研究院做出了界定：云计算是一种按使用量付费的模式，这种模式提供可用的、便捷的、按需的网络访问，进入可配置的计算资源（网络、服务器、存储、应用软件、服务）共享池，这些资源能够被快速提供，只须投入很少的管理工作，或与服务供应商进行很少的交互。

（二）云计算的特点

1. 规模巨大

在规模上达到一定程度才可以称为"云"，Google 云计算已经拥有 100 多万台服务器，Amazon、IBM、微软、Yahoo 等的"云"均拥有几十万台服务器。企业私有云一般拥有数百上千台服务器。"云"巨大的规模赋予用户前所未有的计算能力。

2. 虚拟存在

云计算支持用户在任意位置、使用各种终端获取应用服务。所请求的资源来自云，而不是固定的有形的实体。应用在"云"中某处运行，但实际上用户无须了解也不用担心应用运行的具体位置。只需要一个智能终端（智能手机、Pad、笔记本电脑等），通过移动互联网来完成我们需求的任务，甚至类似超级计算这样的任务也能实现。

3. 高可靠性

本地计算的需求受到服务器性能、稳定性的影响较大，可靠性受外界影响较大。云计算因为使用了与本地计算相比拥有更高的可靠性，云计算使用了数据多副本容错、计算节点同构可互换等措施可靠性得到了很大的提高。

4. 高通用性

云计算不针对特定的应用，在"云"的支撑下可以构造出千变万化的应用，同一个"云"可以同时支撑不同的应用运行。

5. 高扩展性

"云"的规模可以动态伸缩，满足应用和用户规模增长的需要。

6. 按需服务

"云"是一个庞大的资源池，用户按照自身需求提出请求，其收费模式异常便捷，可以像水、电、煤气那样按特定的单位计费。

7. 使用成本低

云计算产生、应用之前，企事业单位对内部数据采用建立本部门的数据中心的模式进行管理，设备成本、人员管理成本日趋提高。云计算的出现为企事业单位提供了降低成本的可靠方案。因为"云"拥有特殊的容错机制，所以可以用极其廉价的节点来构成"云"。"云"的自动化集中式管理大大降低了数据中心管理成本，"云"的通用性使资源的利用率较之传统系统大幅提升，因此用户可以充分享受"云"的低成本优势，经常只要花费几百美元、几天时间就能完成以前需要数万美元、数月时间才能完成的任务。

8. 潜在的危险性

云计算拥有可靠性高的特点的同时也同样拥有较大的潜在危险。云计算服务重要的功能是提供计算，但是在这个主体功能之外云计算还可以提供存储服务。云计算服务的经营主体是私人机构，所有权垄断在私人企业中。虽然这些私营企业能够提供商业层面的信用保障，但政府机构、商业机构（特别像银行这样持有敏感数据的商业机构）对于选择云计算服务应保持足够的警惕。一旦商业用户大规模使用私人机构提供的云计算服务，无论其技术优势有多强，都不可避免地让这些私人机构以"数据（信息）"的重要性挟制整个社会。对信息社会而言，"信息"是至关重要的。另外，云计算中的数据对于数据所有者以外的其他用户云计算用户是保密的，但是对提供云计算的商业机构而言确实毫无秘密可言。所有这些潜在的危险，是商业机构和政府机构选择云计算服务，特别是国外机构提供的云计算服务时，不得不考虑的一个重要的因素。

（三）云计算在智慧档案馆建设中的应用

在智慧档案馆运行过程中需要处理的数据量庞大，云计算是不可或缺的解决途径，云计算支持下的强大的信息处理中心来完成智慧档案馆内部信息的交流和共享，有效地实现各种资源之间的整合，按照应用需求来分配资源。智慧档案馆是一个复杂的综合体，是基于物联网、互联网、移动互联网等技术的档案信息化的高级阶段。智慧档案馆中新技术的实施都离不开云计算的支撑，物联网为档案馆提供感知能力，并使感知更深入、更智能，为了实现感知，物联网在档案馆内使用大量的传感装置，传感装置采集的数据是海量的，这些数据的存储、处理、运算、分析，以及解决海量数据带来的一系列问题都需要借助云计算的计算能力、存储能力和高性价比的服务。

在智慧档案馆的建设过程中，利用云计算技术，可以使一定范围内的智慧档案馆联动，从而实现物联网感知能力的互联。云计算技术包括分布式处理、分布式数据库、云存储、人工智能和虚拟化技术。构建"云"，离不开软硬件基础设施。在软件层面上，过去的集中式串行计算程序，已不适应分布式环境的要求，并行计算、网格计算、人工智能是"云"上管理大数据的关键技术。智慧档案馆的"智"就体现在人工智能技术上，它是智慧档案馆开发建设的技术引擎。

档案的形式和内容往往保留了一些原始的标记，这些原始的印记充分体现了对档案的原始记录性，原始记录性是档案的本质属性，使档案与图书、资料等文献区别开来，使档案拥有更高的保密性，决定了档案和档案工作拥有独特的社会地位和社会功能。涉及保密问题的档案、重要的、珍贵的档案，这些特殊的馆藏信息使档案馆同图书馆、博物馆从本质上区别开来。档案的保密属性决定了智慧档案馆必须拥有属于自己的、独立数据计算和存储能力，因此，构建智慧档案馆必须配备满足业务工作需要的服务器和存储设备。但是，海量数据处理和存储压力和已有及潜在用户的利用需求特点，又决定了智慧档案馆必须采用云计算和云存储技术。因此，智慧档案馆的数据运算和存储将采用"私有云"和"公共云"共存的模式。在未来智慧档案馆不仅运行"公共云"，还将运行于档案行业的

"私有云"之中。

为应对智慧档案馆中巨大的信息处理、传输任务，应利用云计算等技术搭建虚拟化存储利用平台，并部署有线和无线两种宽带网络，使系统具备较高的计算能力、数据传输能力、安全存储能力和应用扩展能力。建设智慧档案馆是一个长期的过程，也是一项复杂的工作，还面临信息资源整合、信息安全等诸多技术与非技术问题。当前，档案部门建设智慧档案馆虽然有一定的基础，但缺乏政策支持、法律规范和理论研究，没有统一规划和相应技术标准，在资金、技术和人才等方面也有很多不足，亟待加强顶层设计和政策支持，避免走先建设后规范、先应用后完善的老路，促进智慧档案馆的健康发展。

三、大数据技术

（一）大数据技术的内涵

大数据（Big Data），最早是由舍恩伯格提出的，是对一些在一定时间内无法用传统方法进行抓取、管理、处理的数据的统称。大数据技术的战略意义不在于掌握庞大的数据信息，而在于对这些含有意义的数据进行专业化处理。换而言之，如果把大数据比作一种产业，那么这种产业实现盈利的关键，在于提高对数据的"加工能力"，通过"加工"实现数据的"增值"。

经过近些年的档案信息化建设，国家各级各类档案馆积累了大量的档案数据资源。通过大数据技术的应用，对智慧档案馆中结构化、半结构化及非结构化数据进行数据挖掘，发现其中的隐性知识和重要价值，并通过数据分析了解和预测用户的需求特征，最终实现智慧档案馆的个性化服务、多元化服务和智慧化服务，从而提高智慧档案馆的整体服务水平。

（二）大数据技术的特点

1. 数据类型多样

大数据种类繁多，在编码方式、数据格式、应用特征等多个方面存在差异，不同信息源形成的异构数据数量庞大。现如今，社交网络、物联网、移动计算等新渠道、新技术不断涌现，会产生大量的半结构化或非结构化的数据，例如微信、微博、邮件、XML 等，导致新数据类型的大量增加。机构需要分析传统、非传统信息源的数据，并且随着各类传感装置、智能设备、社会协同技术爆炸式增长，数据种类也将越来越多。

2. 体量大、数据流转快速

大数据的数据体量异常庞大，通过各种设备产生的数据规模极为庞大，PB（拍字节）级别甚至是 ZB（泽字节，约 10 万亿字节）级别的数据将是常态。IDC 研究报告称，未来 10 年全球大数据将增长 50 倍，管理数据仓库的服务器数量将增加 10 倍。

3. 实时性强

感知、传输、决策、控制等开放式循环的大数据对数据的实时性要求极高，传统的数据库查询得到的数据很有可能在获取的时候就没有了使用价值。这就要求处理数据的速度要快，对处理能力的要求从批处理转向流处理，这一定程度上也体现了大数据与传统数据的本质区别。大数据处理能力的"一秒定律"就是大数据需要具备快速处理能力的真实体现。

4. 总体价值高价值密度低

大数据的巨大体量使数据的整体价值不断提高，大数据蕴含了无尽的商业价值。大数据的处理可以得出巨大的潜在商业价值，这会给商家带来无尽的商业利润，给其他机构带来巨大的便利。但是因为大数据的数据量过于庞大造成价值密度很低。

5. 全量性

大数据采集、处理的维度、深度都在向全量数据发展，只有在全量概念下，改变传统的抽样统计的方法，才能更准确地挖掘出事物的发展规律和发展方向。传统的思维模式依据逻辑推导做出相应的预判、决策。大数据的全量性使人们事先得到预判结果成为可能，再以合理的逻辑思路进行决策和应对，甚至做到不需要推理，先预判后处理，通过总结事物发展的规律以随时应对突发事件的产生。

6. 冗余性

现代信息技术、互联网使数据呈无限扩展态势，体量极其庞大，数据的总体价值不断增大，但是单位数据的价值密度不断降低，数据的真伪识别、冗余识别变得异常重要和复杂，如何实现大数据的去伪存真、去粗取精，将会是一个贯穿始终的重要研究课题。

（三）大数据技术在智慧档案馆建设中的应用

大数据技术能够为产业赋能，联想集团大数据团队帮助一家石化企业实现智能化生产，提高原油转化汽油的收益率，一年净利润可提升 5000 万元以上。随着大数据的不断发展，大数据在智慧档案馆建设中的应用也加快落地，智慧档案馆所提供的智慧化服务必须依靠大数据的支撑。大数据时代，海量的数据和先进的数据处理技术，为微观层面的档案馆研究提供了数据和技术支持，这就使个体共性和个性的深入挖掘和分析成为可能。大数据技术在智慧档案馆中的应用主要体现在以下三方面：

1. 提升知识服务水平

传统的文献单元的传递信息服务已经不能满足用户的需求，智慧档案馆的服务应以知识服务理念为指导，充分分析用户需求主动全程跟踪用户的信息活动，借助大数据技术对用户的使用行为、习惯、偏好和特点等进行深度挖掘，借助大数据技术对档案用户访问记录进行挖掘，获取用户需求、兴趣、习惯等信息，全方位研究用户的结构层次，建立用户数据库，挖掘用户潜在需求；针对信息用户结构层次的不同分析其需求差异，将用户科学地分类，并以类为单位组织和优化资源和服务，为不同用户组提供针对性资源和服务，以期实现最优的信息服务。对用户需求做出更敏捷的反应，提供有效支持知识应用和知识创新的服务，解决用户的实际问题。

2. 对资源的深度挖掘

利用大数据技术将各种信息从显性和隐性的档案信息资源中挖掘出来进行开发。对用户行为的挖掘及对档案资源的挖掘都有利于知识服务水平的提高。大数据技术包括很多的具体的技术应用，如语义分析、机器学习、聚类分析、数据仓库、人工智能、知识图谱等对海量数字档案资源进行分析和挖掘。激发出每一份档案资源的活力，探求数据之间的相关关系，发掘提炼隐性知识和潜在价值，丰富信息服务的质量内涵，可不断满足用户的档案知识需求。

3. 辅助决策的制定

智慧档案馆依据对大数据的数据分析来辅助决策的制定，在数据分析基础上的决策制定会更具可行性。智慧档案馆的业务数据、技术数据、统计数据可以帮助档案馆领导层进行决策。

大数据时代在不断改造传统产业的同时，也对传统档案管理模式提出了挑战。在数字信息技术环境下，电子载体和数字传播方式异军突起，信息处理方式变革，电子文件爆炸式增长，档案传统载体形态向数字形态过渡，档案管理和利用的主要环境逐渐向电子环境迁移。传统档案馆必须向数字档案馆转变，才能适应档案环境的新变化，开拓档案工作的新局面。

此外，支撑档案数字化建设的技术还有射频识别技术、移动支付技术、新媒介技术等，篇幅所限，这里不再过多介绍。

第四章 电子文件管理及纸质档案的数字化

第一节 电子文件的计算机管理

一、电子文件的定义与特点

(一) 电子文件的定义

电子文件是指在数字设备及环境中生成,以数码形式存储于磁带、磁盘、光盘等载体,依赖计算机等设备阅读、处理并可以在通信网络上传递的文件。广义的"电子文件"泛指由任何机构、组织或个人形成的所有电子记录,与传统文件、档案概念相对应。按照现代文档一体化的理念,广义电子文件概念同时涵盖了归档前的电子文件和归档电子文件。而狭义的"电子文件"特指由政府部门、公共机构形成的电子化文件,它具有文件的各种属性,且一般是公务活动中形成的(但不限于公文,还包括各类业务文件材料和数据),具备一定规范化的形成、审核、流转等程序和管理要求,具有真实性、完整性和有效性。档案登记备份所指的电子文件是广义的电子文件。

电子文件与电子数据、电子文档、电子公文等存在一定的区别。

电子数据是指基于计算机应用、通信和现代管理技术等电子化技术手段形成的,包括文字、图形符号、数字、字母等的用户和计算机环境数据,它包括各类电子文件和电子文档。电子数据概念的外延比电子文件更广泛,形成环境更多样,既包括公务活动中形成的电子文件数据,也包括非公务活动中形成个人信息、系统环境信息等(如临时数据、系统环境、应用软件环境等)。

电子文档泛指计算机术语中的文档文件(一般指文字表格型的文档,如Word 文档、Excel 文档,但也可用于图形、图像、音频、视频等媒体类型的文档），包括系统文档（如帮助手册、系统配置文档等）和用户文档，属于电子数据的其中一类，与电子文件概念有交叉但不相互包含。电子文档概念则在档案术语中较少使用。

电子公文是指符合公文特征的电子文件。一般指电子形式的各类红头文件，有特定的版式和形成、办理流程要求，须以签章等形式加以确认。电子公文属于电子文件的其中一种。

（二）电子文件的特点

1. 信息的非人工识读性

电子文件是由电子计算机生成和处理，其信息以二进制数字代码记录和表示，因此亦可称为"数字文件"。这是电子文件与以往所有其他形式文件的基本区别，也是电子文件信息与其他数字信息的共同点。数字信息使用 0 和 1 两种数码的组合来记录信息，每一个 0 或 1 叫作 1 个比特，需要记录的信息用一串比特存储于计算机存储器（包括内存储器和各种外存储器）中，并可通过通信网络进行传输。

信息的非人工识读性表现在两个方面：一是电子文件使用了人们不可直接识读的记录符号——数字式代码，即将输入计算机的任何种类的信息都转换成二进制代码。对于这种经过复杂编码的二进制代码，人工无法直接破译它的含义，只有通过计算机特定的程序解码，使之还原为输入前的状态才能被人识读。所以，电子文件在给人类带来极大方便的同时，也使其内部实现机制变得越来越复杂。二是电子文件存储在载体上，人们无法直接通过载体阅读，必须通过计算机等设备显现，才能识读。

2. 信息存储的高密度性

电子文件的信息存储密度大大高于以往各种人工可识读的信息介质。过去一个几十平方米库房中的档案信息量现在则可能十几张光盘就可以承载，这极大地节约了存储空间。随着技术的进步，电子文件介质的存储密度还将继续加大。然而，存储的集中也意味着风险的集中，载体一旦受到侵害，损失就可能很大。

一张 4.75 英寸 CD 光盘（650~750 MB）可存储 3 亿个至 4 亿个汉字或 A4

幅面的文稿图像数千页，DVD 光盘单面单层容量可达 4.7 GB，单面单层蓝光光盘的存储容量可达 25GB，而各种类型的存储卡则存储密度更高，计算机存储载体的海量化正呈加速度发展态势。

3. 信息的系统依赖性

电子文件信息的系统依赖性有以下两层含义：其一，在一般意义上，电子文件的形成、处理以至归档后的全部管理活动都必须借助计算机系统才能实现；其二，电子文件信息在显示输出时依赖特定的计算机系统中的形成系统，与形成系统不兼容的计算机和应用软件则无法打开文件。

4. 信息的可操作性

相比被固化在传统载体上的信息，电子文件中的数字信息则是灵活、可变的。人们可以利用各种技术工具和手段进行多种操作，如剪切、复制、粘贴、着色、压缩等，这给文件信息利用带来了极大的方便。经过相应的操作，人们可以使电子文件处于操作者希望的状态。该特点要求电子文件管理者更多地考虑用户的需求，为其提供便利，同时要注意保护归档电子文件不被人为有意改动。

电子文件中的信息可以随时根据人们的需要，便捷、灵活地加以编辑、复制、删除，或进行多媒体合成，或按照特定的需要排列组合，或进行压缩和解压，或进行格式和数据结构的转换，或通过各种传播媒体传递给远程用户，显著提升了人对信息资源的管控能力和利用能力。

5. 载体的可转换性

载体的可转换性亦称"信息与特定载体之间的可分离性"。传统载体的文件信息一旦生成，即被固定在某一载体上，两者结合为"原件"。电子文件中则不存在实体意义上的原件，它可以根据需要在不同的载体上同时存在或相互转换，不同载体上的信息，包括字体、签名、印章在内，则可完全一致，载体的转换并不会影响电子文件信息的原始性。而且磁性载体和光学载体寿命短，对电子文件而言，转换载体是必需的。没有一份电子文件拥有恒久不变的载体，电子文件不可能有固定不变的实体形态和物理位置。正因如此，对于电子文件，人们往往用"真实性"而非"原始性"的概念来描述信息的原生特性。

6. 信息的易变性

造成电子文件信息可变性的情况很多。首先，计算机系统中信息的相对独立性使得对信息的增删更改十分容易，而且修改之后看不出任何改动过的痕迹；其次，电子文件在形成、归档、管理和利用过程中会形成大量的动态文档，而动态文档中的数据不断地被更新或补充，以反映最新情况；最后，存储载体和信息技术的不稳定性，新的信息编码方案、存储格式、系统软件不断出现，对电子文件的稳定性产生了巨大的冲击，新的系统要求将电子文件转换成某种标准格式或新的文件格式，往往会造成电子文件信息的损失、变异。

7. 信息存储的分散性

电子文件信息存储的分散性表现在以下两个方面：其一，一份电子文件的内容、结构和背景信息分散保存；其二，一份电子文件的信息可能来自其他多个文件。电子文件信息分散存储，在归档保存时容易出现部分信息缺失的情况，影响文件质量及其功能的发挥。

8. 多种媒体信息的集成性

电子文件可以将文字、图形、图像、影像、声音等各种信息形式加以有机组合，形成"多媒体文件"。这种文件将文字、图像、声音等表现媒体融为一体，能够更加真实地再现记录的场景，从而强化档案对社会活动过程的记忆和生动的再现功能。

以上每一个电子文件的特点既是优点，又是缺点。管理电子文件的基本思路是：扬长避短、趋利避害，用新的管理理念、管理方法和管理技术，将其优势放大再放大，将其劣势缩小再缩小。

二、电子文件的计算机管理措施

（一）电子文件的归档

电子文件的归档就是将具有完整的背景信息和元数据的需要继续保存的电子文件，一并移交到档案部门保管。电子文件归档是我国归档制度中的一个重要方面，它除了要遵守传统文件归档的要求外，还要考虑到电子文件的特点。

1. 电子文件归档的特点

（1）电子文件归档份数较多

离线归档的电子文件，至少一式三套。一套封存保管（一般称为 A 套）；一套提供利用（一般称为 B 套）；必要时，复制第三套，异地保存（一般称为 C 套）。电子文件在长期保存过程中可能会受到不可抗因素的影响而出现信息变异或失真，出现读取错误，而多套同时出错的概率较低，所以多套保存可以大大提高电子文件的安全性和可靠性。

（2）归档范围扩大

电子文件的特殊性决定了电子文件归档的范围有所扩大。纸质文件的内容、结构、背景信息是固定在纸张上的，而电子文件的三要素有可能是分离的，要保证电子文件的真实性和完整性，必须及时获取电子文件的结构和背景信息。因此，电子文件的背景和结构信息必须被纳入归档范围，形成电子文件的支持和辅助性文件，计算机、操作系统和应用软件的说明性文件也必须列入归档范围之中。此外，归档电子文件不仅局限于文字类文件，还应当包括图像、声音、视频及超媒体文件。

（3）归档时间前置

纸质文件一般在文件处理完毕之后的第二年完成归档。电子文件因其信息和载体的可分离性，随时面临着被篡改、被破坏的风险，因此在归档过程中必须贯彻前端控制和全程管理的原则。电子文件办结后就要及时归档。在设计电子文件管理系统时，就要考虑到电子文件的真实性、完整性、有效性和安全性，为归档要素提供保障措施。

（4）归档形式多元互补

电子文件的归档形式分为在线归档和离线归档。电子文件的归档按照鉴定标识进行，各单位可以通过计算机网络进行在线归档，也可以将电子文件存储在脱机载体上进行离线归档。网络条件不符合国家和本市有关保密法律法规规定的单位，其涉密电子文件不能在线归档，只能离线归档。

（5）归档实体移交与权责移交的分离

在线归档的出现使电子文件实体移交与权责移交出现了分离。传统文件管理中，文件的管理权是随着文件的归档由文书部门转移到档案部门的，是实体保管者与信息管理者的统一。而电子文件的实体与其信息的管理权责却是可以分离的。电子文件的在线归档，使档案部门并不一定要拥有电子文件实体，但仍可以实现对电子文件的掌控，从侧面反映了电子环境中档案管理的工作重点由实体管理向信息管理的转移。

2. 归档时间

电子文件的归档时间分实时归档和定期归档两种。实时归档是指电子文件形成后即刻归档；定期归档是指按照机构有关规定，在电子文件形成一段时间之后再向档案部门移交。一般来讲，逻辑归档尽可能实时进行，以免发生失控；物理归档既可实时进行，又可与介质归档一样，借鉴纸质文件归档的经验并遵照有关规定定期完成，如管理性文件在次年年初归档，科技文件在项目完成之后归档，机密文件随时归档等。双套归档的电子文件和纸质文件，归档时间应尽可能统一。在实际工作中，无论采取何种归档方式，都存在提前归档的趋势，这有利于及时控制有用文件信息，保护其完整与安全。

3. 归档范围

确定电子文件的归档范围时，应根据国家有关文件收集的规定要求，将反映机关单位主要活动、具有查考利用价值的电子文件纳入归档范围。归档前经鉴定为具有保存价值的电子文件是归档的主体，此外，还应从以下三方面考虑收集相关的材料：

（1）支持软件

电子文件具有软硬件依赖性，对于采用专有格式的电子文件，可归档文件的支持软件及软件的文档资料。档案部门已有的无须重复归档。

（2）元数据以及相关管理信息

描述电子文件内容、结构和背景的元数据都必须随着电子文件一起归档。另外，电子文件形成阶段的管理活动也可能形成一些记录材料，如更改单、使用权限登记表等，有些可能记录在纸张上，也应予以归档。归档之后应保持元数据、管理信息与文件的联系。

（3）其他载体形式的文件

在同一活动中，除了电子文件外，有时还会生成纸质文件、缩微胶片等形式的重要文件，如上级机关的来文、外购设备文件等。为保持这些文件之间的历史联系，确保同一活动中形成的档案信息完整无缺，需要将之一同归档。有条件的单位可将这些文件做数字化处理，作为电子文件归档和保存。

具体来说，电子文件的归档范围主要有以下六方面：

①在本机构行使职能活动、业务管理及行政管理活动过程中形成的，有纸质文件对应的电子文件，参照国家有关归档范围和保管期限规定归档。对于需要保存草稿及过程稿的电子文件，需要按照版本管理的要求添加版本号，并和正本一并归档。

②在行使和拓展本机关职能活动过程中，利用信息系统产生的无纸化新型电子文件，如网站、电子邮件、微博、微信等电子文件，也要列入归档范围。

③各种数据文件，如数据库、图形库、方法库等。由于数据库是动态的，对于这种数据文件应定期拷贝，作为一个数据集归档。

④为保证电子文件的长期可读性，其支持软件（包括操作系统、应用软件及相关代码库、参数设置等）也需要归档。

⑤有助于确保电子文件真实、完整、有效、安全的有关元数据、说明性材料也要归档。

⑥对于必须实行"双套制"保存的电子档案，应归档相同内容的纸质文件，并在有关目录中建立电子文件和纸质文件之间的关联关系。

4. 归档要求

归档电子文件的质量要求包括以下六方面。

（1）齐全完整

归档的电子文件应齐全完整，凡是归档范围内的文件均应及时向档案部门移交。尤其应注意相关电子文件的支持软件、元数据、管理信息、其他载体文件和硬拷贝的收集。

（2）归档范围和保管期限要求

电子文件应准确划分归档范围和保管期限，具有保存价值的照片、音视频文件和公务电子邮件等电子文件也应列入归档范围；电子文件的正本、定稿、签发稿、处理单，重要电子文件的修改稿和留痕信息应完整归档。

（3）双套制归档要求

具有永久保存价值或者其他重要价值的电子文件应转换为纸质文件或缩微品同时归档。定期保存的电子文件由电子文件的形成单位根据实际需要决定是否采用异质双套归档。法律法规中规定不适用电子签名的电子文件，归档时应附加有法律效力的纸质签署文件。

（4）归档载体标签要求

存储电子文件的载体或装具上应贴有标签，标签上应注明载体序号、全宗号、类别号、密级、保管期限、存入日期等，归档后电子文件的载体应设置成禁止擦写操作的状态。用作电子文件归档或电子档案保存的光盘不能贴标签，该标签必须用特制的光盘标签打印机打印在特制的光盘空白背面上。因为对高速旋转的光盘来说，贴上标签会造成光盘高速旋转时重力不均和抖动，损坏光盘或光盘驱动器。没有光盘标签打印机的，可用光盘标签专用笔在光盘标签面上手工书写编号。

（5）真实性要求

电子文件形成部门须对归档电子文件内容的可靠性、稿本的准确性以及双套文件的一致性加以确认。

（6）完整性要求

确保归档电子文件和相关文件及元数据齐全，且关联有效。为了保障电子文件的真实、完整、有效，可以将电子文件的办文单打印成纸质文件与电子文件一并归档。

归档完毕，电子文件形成部门应将存有归档前电子文件的载体保存至少一年。

5. 归档方式

电子文件的归档方式有两种：物理归档和逻辑归档。二者的区别在于归档前后电子文件的存储位置是否改变。

（1）物理归档

物理归档是指把电子文件集中下载到可脱机保存的载体上，向档案部门移交的过程。物理归档类似于纸质文件的实体归档，这种方式将电子文件的保管权直接交给档案部门统一存储保管。该保管系统由档案部门统一维护，因此安全性比较高。

（2）逻辑归档

逻辑归档是指在网络上进行，不改变原存储方式和位置而实现的将电子文件的管理权限向档案部门移交的过程。这种方法将电子文件仍然存储在形成文件的业务系统中，但是归档文件的著录信息、存储地址及元数据应自动保存到档案部门的数据库中，以便档案部门对其进行控制。逻辑归档虽然不妨碍电子文件的共享利用，但是分散存储会给电子文件带来一定的安全风险，需要档案部门加强安全检查和督促。逻辑归档也有以下两种类型：

①电子文件存储在形成部门的服务器中。电子文件归档之后档案部门并不实际拥有文件数据，但负有管理职责，依照有关规定对其安全保管和合法存取进行有效监控。电子文件保存在原系统中的时间是有限的，为减少文件形成系统的荷载，提高系统效率，并集中保护电子文件，还是应该定期将有用文件信息做物理归档。

②电子文件存储在档案部门的服务器中。电子文件形成伊始就已经保存在档案部门本地，实现了数据的集中存储。采取这种逻辑归档方式的机构具备较为完善的网络基础设施和相对全面的系统规划设计。无论是物理归档还是逻辑归档，都要实现电子文件的集中控制，保证电子文件的安全以及利用的便利。

6. 归档手续

为明确责任，电子文件移交双方应确认归档电子文件的数目、技术状况以及相关材料是否齐全，并在确认结果上签字盖章，保存备查。

（二）电子文件的著录

电子文件的著录是指获取、核对、分析、组织和记录关于文件内容、结构、背景和管理过程的信息，以准确描述电子文件的过程。由此概念可以看出，在电子文件管理中，著录信息即元数据。具体说来，著录项目即元数据元素，著录项目的具体数据即元数据元素的值，著录条目的格式即元数据格式，著录信息的编制即元数据的生成、捕获，著录信息的管理即元数据的管理，著录信息的应用即元数据的应用，著录信息的保存、维护和移交即元数据的保存、维护和移交。

1. 电子文件的著录项目

针对电子文件的著录项目不足，目前，澳大利亚、英国、加拿大等国家已经出台了元数据标准，我国一些地方和行业也出台了自己的元数据标准，2008 年 3 月国家档案局公布了《电子文件元数据标准（征求意见稿）》。较传统的著录标准而言，这些标准具有以下特色。

（1）内容类著录项目基本一致

两类标准基本上都包括文件题名、分类号、主题词、关键词等项目。

（2）结构类著录项目增多

结构类著录项目描述了与电子文件解码、输出相关的属性，除了稿本、文种等，元数据标准还规定了格式模板、媒体类型、数据格式、存储位置、系统环境、密码、数字签名等著录项目，这些项目为电子文件著录所独有。

（3）增加了管理过程类著录项目

出台的所有元数据标准都设有管理史、保存史、利用史等项目，用来描述保存文件过程中鉴定、归档、销毁、迁移、移交、载体转换、利用等各项活动的时间、人员、处理结果和相关法律规定。这对于回溯电子文件历史原貌异常关键。

（4）背景类著录项目细化

电子文件的背景类著录项目包括形成文件的职能活动、职能部门、工作人员、形成时间等行政背景，形成文件的法律依据等法律背景，以及文件之间的联系等。其中的人员、时间项目则有可能根据文件的特点予以细化。比如对于电子邮件，人员则可能包括发件人、收件人、转发者等。详细的背景信息有助于确认电子文件的历史原貌。

2. 电子文件著录的特点

（1）全面性

电子文件著录的全面性包括以下两层含义：其一，描述对象的全面性，具体包括文件内容、结构、背景和文件在形成后所经历的整个管理过程；其二，作用的广泛性，著录的基本作用是描述电子文件，在此基础上可以有多种用途，除了挑选具有检索意义的著录信息编制检索工具之外，还包括保障电子文件的真实、完整、可读等。

（2）综合性

电子文件的著录综合采用人工著录和系统自动著录相结合的手段。随着自动化程度的加深，人工直接著录将减少。系统自动著录将增加，电子环境中大多数著录信息可以由系统自动生成或捕获。当然，不管自动化程度如何，人工控制是必不可少的。

（3）全程性

电子文件的著录不再发生于归档后的某一个时间点，而是贯穿文件的整个生命周期。文件一经产生，其著录便已开始；文件一旦变化，其变化情况就被记录在案。

（三）电子文件的开发利用

电子文件开发利用工作的内容与手工管理相比并无明显区别，信息开发工作包括分类、编目、编研等，信息服务包括提供利用、用户分析和反馈等。不过，在网络和计算机技术的支撑下，电子文件开发利用工作可借助的手段更多，信息的表现形式更丰富，利用的效率更高，当然，安全问题也更为突出。

1. 归档电子文件的利用

归档电子文件利用范围的确定须有严密的审核批准制度，并严格按照批准的范围提供利用。归档电子文件的封存载体不应外借。未经批准，任何单位或人员不允许擅自复制电子文件。利用归档电子文件时应使用拷贝件，并且应遵守保密规定。

2. 电子文件的检索

检索是最重要的开发利用工作，查全率、查准率的高低是决定用户满意度的关键因素。电子文件的检索工作应满足以下要求：

（1）实现目录体系的标准化

制定、遵守目录标准既是共享、互换信息的需要，也是持续建设档案目录的要求，是一件利在长远的工作。尤其是进馆文件，标准化目录是档案馆提供无缝检索的数据基础。文件检索标准包括规定著录项目的数据内容标准、规定著录项目之间关系的数据结构标准以及规定著录项目取值的数据值标准。

（2）展现文件层次结构

文件的价值往往不单独体现在某一份具体的文件上，而是体现在一系列相关的文件整体上。电子文件检索系统，尤其是档案馆的检索系统应能展现从文件集合到单份文件的层次结构。这种按照文件来源组织而成的等级结构，体现了文件、档案管理者关于文件来源、文件形成背景、文件之间内在联系等方面的专业知识，是文件检索的特色所在，其最大的好处是能够让用户获得所需文件的完整背景信息。

（3）提供多种检索途径

按照用户的使用方式，检索途径可以分为以下两类：一是主动式，即用户通过主动输入要查询的文件所包含的数据值来检索文件，如关键词、主题、时间、责任者、文种等。目前，较为普遍的检索途径是关键词，关键词有的来自题名，有的来自全文。在关键词检索中，布尔检索是常见的检索方式，用户可以根据需要对多个关键词进行逻辑运算，更精确地表达检索需求。二是被动式，即系统为用户提供分类体系，用户按照既定的目录结构层层搜索，直到发现所需的文件。完善的检索系统应该同时提供以上两种检索入口。

（四）电子文件的保管

手工管理中的保管是指对经过整理入库的档案的日常维护工作，一般发生在文件归档之后，基本方法是通过保护载体来维护信息的完整和有序。电子文件的保管则贯穿在文件整个生命周期之中，无法仅仅通过载体保护的方法来维护数字信息，工作内容和方法都较手工保管复杂。

1. 电子文件的存储管理

存储管理的基本任务是为电子文件信息选择合适的存储设备（即载体）、存储方式和存储系统架构，并对载体实施保护。

（1）存储设备

主要有以下三种：

①硬磁盘和磁盘阵列

硬磁盘即通常所称的硬盘，利用电磁信号转化来记录和读出信息。按接口类型分有 ST506、IDE、SCSI 接口；按磁盘尺寸分有 14 英寸、8 英寸、5.25 英寸、3.5 英寸等。作为计算机系统中最常用的外存，硬盘存储容量大，采用随机存储方式，存取速度快，数据传输率高，可靠性高，适宜作为在线存储介质。

磁盘阵列应用磁盘数据跨盘技术，组合多个硬盘，使其协同工作。它容量极大，可以很好地满足多人在线并发访问，安全性好，能够免除单块硬盘故障所带来的灾难性后果，为许多大型系统所采用。

②磁带和磁带库

磁带是最早出现的磁存储介质。目前的计算机系统多采用二分之一英寸开盘式磁带和四分之一英寸盒式磁带。磁带存储容量较大，成本低，以串行方式记录数据，存取速度较慢，通常作为硬磁盘可靠、经济的大容量备份。

磁带库技术支持从装有多盘磁带的磁带匣中自动搜索磁带、拾取磁带并放入驱动器中，可实现数据的连续备份、智能恢复、实时监控和统计，整个存储容量可达数万 GB。

③光盘、光盘塔和光盘库

光盘采用激光技术写入和读出信息，主要包括只读光盘、一次写入光盘和可擦写光盘三种。其中只读光盘只能用来检索或者播放已经记录在盘上的信息，如 CD-ROM、DVD 等。一次写入光盘可根据需要录入信息，但只能写入一次，一旦录入便不能再进行修改和删除。可擦写光盘允许反复擦写信息。光盘成本低，制作简单，容量大，体积小。一次写入光盘是档案部门常用的光盘类型。

光盘塔由几台或十几台 CD-ROM 驱动器并联构成，可支持几十个到几百个用户同时访问信息。光盘库是一种可存放几十张或几百张光盘并带有机械手和一个光盘驱动器的光盘柜。它利用机械手从机柜中选出一张光盘送到驱动器进行读写，或将光盘取出放置到机柜的指定位置上。光盘库容量极大，适用于海量多媒体信息的存储。

（2）存储方式

①在线存储

在线存储是指存储设备和所存储的数据时刻保持"在线"状态，可供用户随意读取。通常选用硬盘、磁盘阵列作为在线存储设备，性能好，但价格相对昂贵。

②离线存储

离线存储也称脱机存储，存储设备和所存储的数据远离系统应用，无法直接访问。通常选用磁带、光盘等作为离线存储介质，容量大，价格相对低廉。需要离线存储的数据包括在线数据的备份，以及不常用的数据。

③近线存储

近线存储即近似在线存储，是介于在线存储和离线存储之间的一个存储级别，所采用的设备通常是由廉价磁盘组成的磁盘阵列。访问量不大的数据可采取近线存储的方式。

（3）存储系统架构

信息化建设初期，若要访问数据，必须将存储设备与某服务器或客户机直接相连，这样的存储系统架构称为直接附加存储（Direct Attached Storage，DAS）。随着对更高存储效率和更低存储成本的追求，出现了网络附加存储（Network Attached Storage，NAS）和存储区域网络（Storage Area Network，SAN）这两种新的存储系统架构。网络附加存储将存储设备直接连在网络上，按照TCP/IP协议进行通信。存储区域网络将各种存储设备集中起来形成一个存储网络，以便数据的集中管理。

2. 电子文件信息维护

（1）权限控制

为保护国家和机构秘密、知识产权、个人隐私，需要在分析机构规章制度、业务性质、利用风险的基础上，合理定义各类用户、各类文件的访问权限，并在业务系统和电子文件管理系统中实现，以保证合法用户访问的便利，防止非法用户的恶意访问。权限控制应当尽可能细致，防止未经授权就对信息采取存取、收集、利用、公布、删除、修改、销毁等操作。

（2）电子文件信息维护的关键技术

①加密

加密技术包括对称加密技术和非对称加密技术两种。如果加密密钥与解密密钥相同，则为对称加密，又称私钥加密。对称加密技术的特点在于使用简单快捷，密钥较短但破译困难，但是存在密钥难以安全分发、难以管理等问题，不适用于开放系统，一般用于不在政府确定的保密范围之内的民用敏感信息。如果加密密钥和解密密钥不同，则为非对称加密，又称公钥加密。其中加密密钥可公之于众，称为公钥，解密密钥只有解密人自己知道，称为私钥。非对称加密技术的保密强度不及对称加密技术，但密钥管理、传递简单，适用于开放系统，且可用于数字签名。实际上两种加密技术也可以综合应用。经过加密的电子文件一般应解密后保存。

②身份认证

身份认证技术旨在确认用户的身份。在用户进入计算机系统时验证其身份技术包含口令认证、智能卡认证、USB Key 认证、生物认证等。口令认证通过验证用户输入的用户名和口令来验证其身份，是最常见的认证技术。智能卡是一种内置集成电路的芯片，芯片中存有与用户身份相关的数据，用户登录时将智能卡插入专用的读卡器读取其中的信息，以验证用户的身份。USB Key 是一种 USB 接口的硬件设备，它内置单片机或智能卡芯片，可以存储用户的密钥或数字证书，利用 USB Key 内置的密码算法实现对用户身份的认证，是目前较流行的一种验证方式。基于公钥基础设施（Public Key Infrastructure，PKI）的 USB Key 还可以用作数字签名。公钥基础设施是利用公钥加密技术提供安全服务的基础设施。生物认证技术以人体唯一的、可靠的、稳定的生物特征（如指纹、虹膜、脸部、掌纹等）为依据，通过图像处理、模式识别的方法来验证用户身份。这几种验证方法的成本依次增加，安全性也依次增加。

（3）电子文件信息维护体系

可能危害电子文件信息的因素，除质量受损的存储设备以外，还包括计算机技术自身的固有缺陷，如病毒、木马等恶意程序；地震、洪水等天灾；火灾、盗窃等人祸，不合理、不完善的安全保护制度；怀有恶意企图的用户等各种因素。

因此，在机构和档案馆内部应构筑涵盖制度、管理、人员、技术在内全面的信息维护体系，包括制定出完善的规章制度、合理分配和有效监督各类人员的管理权限、培训和考核人员、采用可靠的安全保障技术等。当然，广义上的电子文件信息维护体系还包括相应的法律规范和道德规范，这需要全社会的努力。

（4）防火墙

防火墙是一种逻辑装置，通常处于机构内网与外网之间，通过监测、限制、更改跨越防火墙的数据流，来限制外网的用户对内部网络的访问以及管理内部用户访问外界的权限，对外部网络屏蔽有关被保护网络的信息、结构，从而实现对网络的安全保护。防火墙不能有效控制发生在内部的非法访问。

（5）入侵检测

入侵检测用于监控网络和计算机系统是否出现被入侵或滥用的征兆，可以阻断发生在内部的非法访问，是对防火墙技术的有效补充。

（6）长期可存取

长期可存取技术即保障电子文件长期可读性的技术，包括转换为开放格式、迁移、采用多格式阅读软件等。

（7）备份

备份是信息安全保障最重要的辅助措施，可为受损或崩溃的信息系统提供良好的、有效的恢复手段。在复杂系统中，需要对数据文件所依赖的系统环境和应用程序进行备份操作。备份时需要根据相关制度确认备份的方式，确定备份的存储设备、套数，明确是否需要异地备份。备份最好自动执行。

（8）物理隔离

物理隔离是将不同网络相分离，保证其不相连，其目的在于隔断非法用户的访问链路。凡涉及国家秘密的计算机信息系统，不得直接或间接地与国际互联网或其他公共信息网络相连接，必须实行物理隔离。物理隔离技术发展很快，从最初的双机双网方案，到安装在计算机硬盘上的隔离卡，再到网闸这种独立的物理隔离设备，在保证两个独立主机系统间永不连接的条件下，内外网切换访问的便利性在不断增加。

（五） 电子文件的移交进馆

在我国，电子文件的移交进馆还没有成为一种普遍的、常规的管理活动，2000 年之后全国陆续开展的电子政务试点项目、电子文件中心建设、数字档案馆工程等开始了这方面的尝试，并取得了一定的经验。发达国家电子文件移交进馆的实践历时要长，相对要成熟一些。

归档后，电子文件按有关规定移交至档案室等档案保管部门，作为电子档案进行集中保管，这是归档的最后实施环节。

1. 移交时间

移交时间分为定期移交和实时移交两种。采取介质移交方式的，一般是定期移交，而通过网络移交电子文件的，则可实时进行。由于文件形成时间尚短，一般未满 10 年至 20 年的进馆时间规定，所以已经进馆的电子文件，其纸质复制件一般仍保存在原单位。

2. 移交方式

电子文件的移交进馆主要有介质移交和网络移交两种，目前以介质移交为主。在政府专网已经建成运转的一些地方，则通过专网向档案馆移交电子文件。

3. 移交要求

移交要求主要集中在格式、载体规格和元数据这三个方面。

虽然都是出于保证电子文件长期可读性来考虑其格式要求的，但各个国家、地区、地方档案馆对进馆电子文件的格式要求不尽相同。例如英国国家档案馆可以接受的文件格式主要有 Postscript、TIFF、SGML、PDF 等；澳大利亚国家档案馆则以两种格式保存同一份电子文件——原始格式和 XML 格式；安徽省电子文件中心推荐的文本文件格式为 PDF/A、CEB，图像文件格式为 TIFF、JPEG，视频格式为 MPEG、AVI，音频格式为 MP3、WAV。尽管还是有个别的私有格式，总体上还是以由国际标准组织制定和认可的开放格式为主，同时兼顾了本国、本语言档案信息资源安全管理的需要。

电子文件移交进馆之后可以转换载体，故而对载体规格要求的严格程度不一，如英国国家档案馆除推荐了使用 WORM 技术的 CD-ROM 和 CDR、4mm 的数字音频磁带、DVD 以外，还推荐了 ZIP 盘和软磁盘；而澳大利亚维多利亚州公共档案馆的规定则要严格得多，只接收 CD-R、DVD-5，DDS-1、DDS-2、DDS-3或 DDS-4 磁带、LTO-1 或 LTO-2 磁带，并对光盘的染料类型、容量、刻录模式以及磁带的存档格式等做出详细规定。

电子文件元数据对其真实性、完整性维护至关重要，各档案馆在这方面的要求日趋严格和完善。除要求提交文件目录以外，安徽省电子文件中心还要求以 XML 格式对电子文件元数据进行封装，将封装对象和电子文件一起移交。

为加强对电子文件信息的控制，应对原单位在电子文件移交进馆之后如何处理做出规定。

4. 移交检验

在接收电子档案之前，均应对电子档案及其技术环境进行检验，合格率达到100%时方可进行交接。检验结果分别由移交单位、接收单位填入《电子档案移交、接收检验登记表》的相应栏目。

5. 移交手续

移交双方应对移交文件及相关材料的数量、质量进行核对审查，并签字确认。

三、我国电子文件管理模式的完善措施

（一）明确电子文件管理主体

现阶段，我国区域电子文件管理的主体具有多样性，有综合档案馆、电子文件中心、文件形成机构等。尽管由国家档案局牵头研制的国家标准《电子文件归档与管理规范》中明确指出由档案馆最终保管电子档案，但是由于档案馆对电子档案管理和控制模式涉及的因素多，实现难度大，而且数字档案馆的研究和实践还不够成熟，可供参考的现实模式很少，诸多理论问题还处于摸索之中。因此，一些学者认为，档案馆对电子文件的管理缺乏理论论证和技术支持。但是，国外的实践经验为我们确立档案馆的电子文件管理主体提供了实践基础。美国、英国、加拿大和澳大利亚等国的电子文件管理主体均为国家档案馆，并强调电子文件的利用服务。美国的 ERA 项目旨在使美国国家档案馆捕获并保存联邦政府各部门产生的各种类型、格式的电子文件，并为政府部门及公众提供便捷、有效的利用服务；英国以电子文件从生成到接收进入档案馆的全程、无缝管理为目标，多年来致力政府机关电子文件的在线捕获和在线服务。即使是由其他部门开展的电子文件管理研究项目，国家档案馆也是其合作伙伴。

（二）尽快制定和实施电子文件管理国家战略

由综合性档案馆集中统一管理相应行政区域内的电子文件（档案），可以视为电子文件集中式管理模式在一定区域范围内的具体表现。行政区域划分造成的相对独立分工，决定了各行政区域档案工作的相对独立性。由于我国各地对电子文件的管理沿用了传统档案管理工作的做法，从而导致了多种电子文件管理模式存在的局面。这不仅造成国家资源的浪费，而且也不利于国家对电子文件的掌控。制定和实施电子文件管理国家战略可以从根本上改变这种状况，使我国电子文件管理模式朝着更加科学合理的方向发展。

随着冯惠玲教授等人提出电子文件管理国家战略思想后，引起国家层面相关部门的重视。之后中央办公厅、国务院办公厅联合下发《电子文件管理暂行办法》，确立由国家电子文件管理部际联席会议制度来确定我国电子文件管理的国家政策。这一举措极大地推动了我国电子文件的管理工作，我国开始从战略角度来规划电子文件管理。作为我国电子文件管理机构，国家电子文件管理部际联席会议制度的主要职责之一便是负责统筹规划和组织协调全国电子文件的管理工作，这为我国制定和实施电子文件管理国家战略奠定了基础。

将电子文件管理上升到国家战略后，应尽快充分发挥电子文件管理部际联席会议的职能，增强国家档案行政管理部门在电子文件管理工作中的主导权，从推动电子文件管理立法，政策规划、重大项目方案、制定电子文件管理标准等方面入手，逐步解决我国电子文件管理的重大问题。

（三）整合现有模式的精华

实现电子文件管理"国家化"并非要颠覆或抛弃地方和机构层面已经取得

的成果，而是要兼顾各方，充分吸收现有成果的精华。正如在替换或升级一个系统时，人们往往要考虑新系统对原系统已有数据的兼容问题，而不是直接放弃原有数据。对于电子文件管理模式，同样也是如此。不放弃是一种态度，是对已有模式的肯定。

鉴于我国目前存在多种电子文件管理模式，而且这些模式基本上都是停留在地方层面和机构层面，因此不管是新构筑一种更高层面的电子文件管理模式，还是将现有的某种地方模式上升到国家层面的模式，都有必要对现有模式进行整合，吸收其中的精华。现有模式的精华往往被实践证明是可行且成功的，已经被人们所认可。通过整合现有模式的精华形成的新模式，更容易应用于实践中，也更易于被人们所接受。

（四）建立通用的标准模式

在某种成功模式的基础上，建立通用的标准模式，并进一步推广和应用，将极大地简化我国电子文件的管理工作，而且可以最大限度地避免现存的重复建设现象。

第一，同级同类档案馆相似。我国电子文件管理的主体绝大多数为各级各类档案馆。现实的情况是，我国同级同类档案馆在各自发展过程中虽有一些自己的特色，但更多的是体现出很大的相似性。例如，市级档案馆、区县综合档案馆在馆藏档案的主要来源、成分和管理方法上都具有共性。同系统（如高校系统）内的档案馆也存在类似的共性。同级同类档案馆的相似性，为建立通用的电子文件管理标准模式提供了物质基础。此外，我国档案工作实行的统一领导、分级管理原则，也为建立通用的电子文件管理标准模式提供了便利。统一领导有利于建立通用标准模式工作的组织和协调，分级管理有利于在各个层面实现意见统一。

第二，榜样的力量是巨大的。成功的模式容易得到人们的广泛认可，有可能被模仿和借鉴。这为通用标准模式的推广和应用提供了可能。例如，应用系统，开发商的普遍做法是在某种模板的基础上根据客户的具体需求进行修改。不管开发商面对的是什么样的客户，其所用的模板都一样，只是最后建成的系统有所区别。我们可以将其理解为，其所用的模板是一种通用的标准模式，最后建成的系统是标准模式的具体外在表现形式。也就是说，通用的标准模式被具体应用于电子文件管理实践后，其表现形式可以存在差异。

第二节　电子文件管理软件及其应用

随着办公自动化的迅速普及和档案学理论研究的进展，电子文件管理软件也得到了飞速的发展，各个领域的学者、开发人员等在孜孜不倦地探索。

一、单机版档案管理软件阶段

20 世纪八九十年代，当微型计算机在我国开始普及时，已经有一些单位敏锐地意识到利用计算机来管理档案要比手工管理档案方便，于是开始了使用档案管理软件来代替手工管理的道路。从软件的开发形式上，由于其功能要求比较单一，一般都由各单位懂计算机的人员，或由本单位的技术部门自行开发，所用的开发程序一般为 FoxBASE 或 FoxPro，程序相对简单，一个单位开发成功后，往往也会推广到同系统的其他单位使用。20 世纪 90 年代之后，开始有一些软件公司进入档案管理软件领域，开发了一些商品化的软件，但档案管理软件自行开发是这个时期的主要特点。

总体上，这一时期的档案管理软件有如下特点：

第一，由于计算机网络还没有普及，所以这个时期的软件普遍为单机版的软件，数据库和软件都运行在同一台计算机上。

第二，运行平台单一，支持的数据库种类少。这个时期的软件，开发工具多为 FoxBASE 或 FoxPro，运行在 DOS 或 Windows 操作系统下，不能随意挂接多种数据库，数据库的性能也较为低下，检索速度慢，数据库稳定性差。

第三，功能比较简单。这个时期的档案管理软件，基本功能有数据录入、检索、目录、统计报表打印、统计等，起辅助管理的作用，在数据库中主要存储档案案卷或文件的著录信息，并不存储它的电子版或扫描版。

第四，软件的通用性比较差。这个时期，相关的档案管理标准还不健全，各开发单位自行定义数据结构，致使软件只能用于开发单位或某一类单位，不能针对不同类型的档案、不同的管理模式进行变化。

二、网络版管理软件阶段

在 20 世纪 90 年代中后期，随着计算机的迅速普及和应用，档案界已经普遍认识到档案管理必须依托计算机来进行信息化管理。信息化管理的程度，成为衡量一个档案馆（室）工作水平的重要指标。在国家档案局的有关档案馆（室）达标升级的指标中，将录入计算机的目录数占全馆档案的百分比列为一个重要的考核指标，于是各个档案馆（室）纷纷采购硬件设备，购买档案管理软件，档案管理软件的需求量大增。

这个时期，以前以个人或部门进行开发档案管理软件的弊病暴露出来。个人或部门开发缺乏必要的动力和长效机制，使档案管理软件的后期升级、维护困难，自行开发的软件不能很好地成长，因此商业软件公司开发的档案管理软件受到人们的欢迎。因为在购买这些软件时，软件公司也会提供相应的服务和以后的升级。档案管理软件的市场需求量很大，涌现出一大批开发档案管理软件的公司，如津科、世纪科怡、泰坦等，形成竞争的局面。

21 世纪初，国家档案局发布了《归档文件整理规则》。新规则中改卷为件的整理方式，对档案管理软件也提出了新的要求，要求档案管理软件既能适应过去以卷为单位进行整理的方式，又能适应以件为单位进行整理的方式。因此要求档案管理软件必须具有适用性、灵活性，能够根据不同的档案管理模式来进行相应的设置和管理。随着 20 世纪 90 年代后期网络技术的迅速发展，各单位纷纷组建自己的局域网，有条件的单位开始接入互联网。在档案管理中，单机版的档案管理软件逐渐暴露出运行速度慢、不稳定、可靠性差等一系列缺点，因此各个软件公司都开发出了网络版的档案管理软件。

随着档案管理软件的增多，如何选择规范、评测档案管理软件，成为人们关注的问题。从 20 世纪末开始，国家档案局对国内档案管理软件进行测评和筛选工作，并于 21 世纪初颁布实施了《档案管理软件功能要求暂行规定》，对档案管理软件的功能进行规范。

总体来看，这一时期的档案管理软件有如下特征：

第一，商业公司开发的档案管理软件占据了主流市场。其所用的开发工具由过去的 Visual FoxPro 逐渐变为 PowerBuilder 等专业数据库开发工具。

第二，所开发的档案管理软件，基本可使用 MS SQL server、Oracle、IBM DB2、Scbase 等不同的网络数据库，档案管理软件的安全性、稳定性大大提高。

第三，除在以前的单机版软件外，广泛出现了网络版软件，以 C/S 为主、B/S 为辅的模式，成为大多数档案管理软件的形式。

第四，这一时期的档案管理软件，比前一时期的档案管理软件在管理功能上也增强了许多。适用性增强，许多软件可以适用于文书、基建、会计等不同种类的档案的管理；可以进行全宗、案卷、文件不同级别的档案管理，对档案进行著录、标引、检索、编研、目录打印等日常管理工作；可以进行部门、类别的设置；可以针对不同用户设置不同访问权限；可以进行数据的备份、导出、导入等工作。但基本上还是对以纸张为载体的档案进行管理，没有涉及电子文件。

三、电子文件管理系统阶段

21 世纪初，随着网络技术的迅猛发展，人们的工作方式发生了巨大变化，以前人们工作的副产品——文件不再以纸张形式形成，而是在网络环境中直接生成电子文件。为了更好地保证电子文件的真实性、完整性，档案界提出了前端控制的思想，即将过去在归档时才进行的著录工作，要求前置到文件形成时。同时要求能在档案管理软件中完成档案的归档、著录、检索、存储、发布、利用等一系列工作，而以前的档案管理软件显然不能满足这些要求。因此人们将档案管理软件做一个划分，将以纸张为主体的管理软件称为计算机档案辅助管理软件，以电子文件为主要管理对象的称为电子文件管理系统（Electronic Records Keeoing System，ERKS）。

电子文件管理系统和计算机档案辅助管理软件有很大的区别：以前只著录文件级或案卷级的目录信息，通过目录信息便于人们查找到纸质档案；而现在，电子文件管理系统在其内部不仅要保存这些目录信息，更重要的是，还直接保存电子文件本身，这些电子文件是人们有可能直接在网络环境中形成的，有文本文件、图形文件、图像文件、音频文件、视频文件等多种类型，也有可能是将纸质文件经过扫描进入系统中转化形成的电子文件；电子文件管理系统不仅要存储电子文件本身，还要保存电子文件在其生命周期中形成的背景信息，这些背景信息即元数据，对检索、管理、维护电子文件起到了非常重要的作用；电子文件管理系统不仅要处理内部的数据，还要与其他信息系统进行信息的交流、交换，甚至要嵌入这些系统中，和这些系统一起，通过工作流、自动捕获、代理机制等技术，实现前端控制，实现真正的文档一体化。

上海市静安区档案局、上海市档案局科教处与中信信息技术发展有限公司合作，研制开发了产品化的通用软件——"光典"电子文件归档及管理系统，其功能覆盖了对属于归档范围内的电子文件进行搜集、整理、归档、维护、利用等全过程，使档案人员能够方便、有效地进行电子文件的归档管理。上海市市西中学、上海市静安区卫生和计划生育委员会使用后，效果良好，并通过了上海市软件测评中心的测试。四川省档案局开发的《四川省电子文档管理软件系统》，在四川党政网上作为唯一的公文归档软件进行推广使用，同时在四川档案资源、网站开辟了网上技术服务，对在全省使用的其他纸质文档管理软件予以数据转换或升级，获得了一致好评。

因此，国内的档案管理软件公司在 21 世纪初，在原有的档案管理软件基础上进一步发展，以适应电子文件管理的需要，现在已经有一些软件公司开发出具有新特点的软件。

考察这些软件，发现它们有如下特点：

第一，选择具有跨平台性的开发工具进行开发。要实现电子文件管理系统在不同的操作系统上运行，必须选择恰当的开发工具。在 C＋＋bulider、Dephi、Powerbui1der、net 和 Java 等工具中，Java 的跨平台性最强，因此这类软件大多采用 Java 开发平台和 B/S 体系结构，通过 J2EE 技术实现跨平台操作。

第二，多种技术的集成。包括全文检索、OCR 以及流媒体服务等方式。通过集成，可以实现对档案内容的高效检索、扫描文件信息的自动提取及查询，以及音视频档案的网络点播等功能。

第三，密切关注各个分散业务的关联性，通过建立以工作流技术为核心的业务流驱动机制，结合便利的短信功能和审批流功能，实现各个业务环节的平滑流转和相互驱动处理。系统支持对各类文件信息的归档整理，这些信息包括公文、从 OA 和 PDM 等业务系统采集的预归档信息等。

第四，强大的自定义功能。由于各个单位的管理模式不同，为适应不同单位对不同类型档案的管理，往往采用模板自定义技术来增强管理软件的适用性，模板的自定义工作无须编程就可以实现。模板自定义技术给用户提供了广阔的个性空间，用户可以快速地部署适合自身特点的档案系统，并且能够在自身需求、管理模式上发生变化时随需应变。

第五，信息安全是档案信息利用的基础。系统提供权限管理、数据加密、数据备份及恢复、日志管理、访误删除等完整的安全防护体系，确保信息资源能够安全存储并安全访问。

档案管理软件显然是档案信息化管理的核心，它的人性化、易用性、功能的强弱、成本的高低都影响了我国档案信息化的水平。虽然现阶段我国档案管理软件中存在一系列的问题，但是随着国家电子政务的实施，随着国家信息化的发展，档案管理软件中存在的这些问题终将得到解决。所以希望国家档案主管部门能够站在全局的高度，大力扶持档案管理软件的开发，发展不同层次、能满足不同档案管理需求、具有广泛适应性的档案管理软件，推动我国档案信息化的进程。

第三节　纸质档案的数字化

一、档案数字化概要

（一）档案数字化的定义

档案数字化是随着计算机技术、扫描技术、扫描矩阵 CCD 技术、OCR 技术、数字摄影技术（录音、录像）、数据库技术、多媒体技术、存储技术的发展而产生的一种新型的档案信息形态，它把各种载体的档案资源转化为数字化的档案信息，以数字化的形式存储，网络化的形式互相连接，利用计算机系统进行管理，形成一个有序结构的档案信息库，及时提供信息，实现资源共享。

档案数字化是数字档案建设最基础的工作，传统载体的档案经高科技技术加工成数字档案形式，通过局域网、政务网、互联网进行计算机检索、阅读电子档案，来迎接档案信息服务新环境的挑战，提高管理水平、提高效率，提高档案业务部门的服务水平，为档案内部管理及面向客户服务提供高效率的全面服务。档案工作的数字化建设是顺应潮流、适应时代发展的新举措、新要求。档案作为一种原生信息资源，其重要性正日益凸显出来，我们应逐步掌握信息技术为档案工作服务，为社会主义经济建设服务，为社会主义精神文明建设服务。

（二）档案数字化的内容

1. 档案数字化管理

数字化档案管理系统是对传统档案管理工作的一次创新，能够实现对档案和档案材料收集、鉴别、整理、保管、转递、统计、查阅等日常工作的数字化管理，并可通过组织系统专网实现档案的网上浏览和远程查借阅功能。按照档案业务工作流程，经过系统管理员的授权，单位内部领导和有关科室可以在各自办公室查阅档案，外来查档单位可以在阅档室通过电脑查阅电子档案，也可以通过网络实现远程阅档。系统全面运行后，可以大大提高工作效率，提升工作服务的水平和质量，实现档案由管理向信息研究与利用的质的转变。

2. 档案数字化采集

从档案实体库提卷后，首先拆卷、校对档案页数、区分高扫和平扫材料，然后进行数据采集。档案采集的同时对图像进行纠偏、去污、去黑边等处理，校对档案目录、核对电子材料，完成初步审核。然后由专人再次对档案原件及数据进行审核，确认无误后，完成档案装订还原，对电子数据进行归档。为档案的利用提供准确可靠的数据信息。在整个过程中，各环节相互配合、协同操作，以流水线方式完成信息的采集、审核工作。

3. 档案数字化查阅

以组织系统专用资源网为网络基础，采用 B/S（浏览器/服务器）模式架构，在组织系统内部实现了本地及远程查档、阅档功能。系统在安全方面进行了以下考虑：可按日期、时间或长期有效等多种方式，完成阅档授权；阅档过程进行详细的日志记录；信息采用加密信道传输等多种方式，使系统运行更加安全可靠。

（三）档案数字化的优势

1. 提高经济效益

过去一直使用粗放型模式，即以增加办公人员和办公费用为解决这一难题的唯一手段，致使管理成本大幅上涨。而数字化管理档案使传统的以纸质为载体的档案信息对象转为机读档案，不仅节约了保管费用，节省了占地空间，而且查阅起来极为方便迅速，从而避免了反复印制资料而造成的纸张和人员的浪费。

2. 提高办公效率

档案数字化管理使资料能及时归档，并尽快提供信息。以组织部门为例，干部的任用、提拔都需要详细准确的档案信息。档案数字化管理便可提供详细、及时的数据信息，为领导决策提供服务。与此同时，档案数字化管理使查询资料变得非常简单，真正让办公人员做到足不出户便可知晓天下大事。由于信息的超时空流动，档案数字化事实上成为"无墙界档案"，档案库也从文件实体的保管基本变成了提供利用方便的信息控制中心。

3. 增强档案原件保护

将纸制档案转变为数字化电子档案后，档案的使用更加安全。尤其对历史久远的档案材料，数字化处理无疑是对其更好的保护，另外，档案通过数字化处理后，防止了部分档案被篡改情况的发生。

二、纸质档案数字化的步骤

（一）档案整理阶段

1. 档案出库

一般来说，大批量纸质档案数字化，首先须将待数字化档案从档案库房搬移至临时周转库房；然后，数字化加工人员从周转库房领取档案进行数字化。无论前者还是后者，数字化加工人员都必须按照预定计划，提出申请，经过审批，交接双方清点档案，实行登记，完成档案的交接手续。

2. 拆装

档案在拆除装订前可逐卷加贴条形码，以便在随后流程中通过识别条形码对扫描档案进行准确、高效的控制。该条形码还可为以后档案借阅管理提供便利。然后，工作人员逐卷、逐页检查档案。对内容缺失、目录漏写、页码颠倒，以及珍贵、破损的档案卷进行登记，并提请档案保管机构妥善处理。

对于不去除装订物会影响扫描工作的档案，应先拆除装订物。拆除装订物时，应注意保护档案不受损害。拆除装订物之后要将档案原件排好顺序，并用夹子夹起防止散乱。对于年代久远、纸质条件较差、不便于拆卷的，可采用零边距扫描仪扫描。

3. 页面修整

纸张的质量关系到扫描仪的选择和扫描效果，因此须对严重破损、褶皱不平、字迹模糊的档案做好登记，分别处理。例如对有褶皱的档案，可进行熨烫；对被污染的纸张，可在通风环境中用软毛刷轻轻刷去浮尘、泥垢或霉菌；对破损残缺的文件，须进行修补。

4. 档案及目录的检查、整理

检查整理时主要注意以下四方面：

（1）检查档案的顺序。基本原则是档案页号按顺序连续排列。需要在档案原件上重新标注页号时，必须使用标准档案页码章，加盖在档案的右上角，位置应统一，并不得用手写页码。

如果在档案原件中出现档案漏编页码时，可视下列情况具体处理。

①中间任意两页之间的空白页须以"×-1，×-2"补编页码。例如第 7 页与第 8 页之间有 4 页没有编页码，则依次编为"007-1，007-2，007-3，007-4"。若空号为一份档案的首页，则将该页编为正码，其他页依次编为副码。例如第 7 页与第 8 页之间有一页未编码，而该页正好是 P8 所在档案的首页，则将空白页编为"008"，而原第 8 页编为"008-1"。以上补编页码须在电子目录与卷内文件、案卷内的目录、档案目录上依次注明增加的实际页数。

②出现跳号。若前后两份档案内容完整且连贯，但编码时跳号，如第 1 页与第 2 页分别编码为"001"和"004"，则须在电子目录与卷内文件、案卷内的目录、档案目录上依次注明"P2、P3 为跳号，无实际内容"。

第二，检查档案目录所有的项目包括题名、文章编号、责任者、日期、顺序号、页号、备注，保证其准确、完整，并与档案原件内容一一对应。要求一份档案对应一条目录，并仔细检查每份档案是否完整。如有档案漏编目录，应补编目录。正式档案若为复印件，则须在该档案首页的右下角加盖"复印件"章，字号要求五号字。

①题名：要写全，与档案完全相符，不能随意删减、省略，要做到一字不落。凡题名中只写了"通知""委托书""支持信""承诺书""确认函""抵押书""公证书""协议书""申请书""工作动态""简报"等字样的，必须重新拟写一条简洁的题名反映档案的内容，外加"［ ］"号。凡档案内容涉及有关人物的姓名时，必须在题名项中照实著录。例如题名为"有关张三等同志的任免通知（李四、王五）"，此时必须根据正文内容将"张三等"后面省略的人物姓名（如李四、王五）完整地著录。

②文件编号：要写全，照实著录。

③责任者：同一责任者必须用统一名称。例如在所有档案中责任者为"珠海市档案局"时，须统一名称，不得使用其他名称，如"市档案局"。

④日期：须写全年、月、日，格式为××××.××.××。档案中存在多个日期的情况时，应按照该档案的主要责任者所对应同期著录。

⑤顺序号：按照档案的合理排列，要求一份档案对应一条目录，一条目录对应一个顺序号。

⑥页号：填写首页页号即可，但每卷最后一份档案的起止页号都要填写。应在页码后加"—"标示本卷结束，如"99—10"。如果最后一份档案只有一页，也必须用"—"表示结束，如"99—99"。

⑦备注：应标注档案密级，无密级的可不写。

（3）检查案卷封面上的项目，包括全宗名称、类别名称、案卷题名、案卷所属年度、保管期限、卷内文件件数、页数、全宗号、目录号、案卷号等是否案卷实际内容一致。

（4）花名册、介绍信及其他类型档案的整理。花名册整理方法如下：

①题名按名册全称著录。

②责任者一律为名册上印章所对应的批准单位，无批准单位印章的以填报单位所写字样为准录入。

③花名册及其他名册均不须著录人名。

④日期写填报日期或批准日期，若有多个日期则录入一个即可。

介绍信、报到证、工资转移证、农转非存根整理方法如下：

①以上类别档案中的人名必须如实录入，要求准确无误，少量看不清楚的字迹要核实后再做修改，如"党员介绍信存根（张三、李四、王五）"。

②责任者和日期应为档案中本章所对应的单位和日期。

此外，任免、出访、优秀人员批件（教师、党员、干部……）等档案中涉及有关人物的姓名必须在题名项中照实著录。

（二）档案数据修改阶段

对照查改后的档案目录修改电子目录，要注意经常保存，以免数据丢失。进行电子目录数据修改时，主要应注意以下著录项的修改：

一是档案题名。题名要写全，照实著录。

二是责任者。录入多个不同责任者时，必须用"/"分隔开，如张三/李四/王五。

三是文件编号。录入多个不同文件编号时，编号之间必须用"/"分隔开，如××/××/××。

四是文件时间。须写全年、月、日，格式为××××.××.××，中间必须用"."隔开。档案中存在多个日期的情况时，按照该档案的主要责任者所对应的日期著录。如果档案时间没有月和日，只有年份，则分别用"00"代替月和日，如"2007.00.00"；如果档案时间没有日，只有年和月，则用"00"代替日，如"2007.11.00"。

五是人名。凡档案内容涉及有关人物的姓名，必须如实录入，要求准确无误。多个人名之间必须用"/"分隔开，如张三/李四/王五。花名册档案则无须录入人名。

六是页号。填写首页页号即可，但每卷最后一份档案的起止页号都要填写。应在页码后加"—"标示本卷结束，如"99—100"；如果最后一份档案只有一页也须用"—"表示结束，如"99—99"。

七是密级。按档案标注的密级著录，无密级的标注"无密"。

八是页数。录入该份档案的页数。

九是全宗号。输入时必须采用3位数，不足3位数的在前面补0，如"15"应为"015"。

十是保管期限。按档案目录本上标注的保管期限著录。

十一是目录号/年度。归档改革前的档案，按档案目录本上的目录号著录，分别用"A1·×、A2·×、A3·×"表示，"×"为目录的流水顺序；归档改革后的档案，按文件归档的年份著录。

十二是案卷号/机构。归档改革前的档案著录案卷号，案卷号必须采用4位数，不足4位数的在前面补"0"，如"15"应为"0015"；归档改革后的档案，该处均录入"0"。

十三是顺序号/件号。归档改革前的档案著录顺序号，必须采用3位数，不足3位数须在前面补"0"，如"15"应为"015"；归档改革后的档案著录件号，必须采用4位数，不足4位数在前面补"0"，如"15"应为"0015"。

（三）档案扫描挂接阶段

1. 档案扫描

（1）扫描设备选择。必须采用专业文件扫描仪，按照 CCITTGroup4 压缩为标准格式或者标准 TIFF 格式。扫描以黑白为主，对原件不清和字迹较淡的档案，扫描时必须用灰度或真彩模式扫描。

（2）扫描色彩模式选择。扫描色彩模式一般有以下两种：

一是扫描形成黑白二值图像。这种图像只有黑白两级，没有过渡灰度。其特点是黑白分明、字迹清晰、文件容量较小。适用于扫描字迹、线条质量清晰的文字或图纸档案。

二是扫描形成连续色调静态图像。这种图像分灰度图像和彩色图像两种。灰度图像由最暗黑色到最亮白色的不同灰度组成。灰度级表示图像从亮部到暗部间的层次，也称色阶。灰度级越高，层次越丰富，文件所占容量也越大。灰度模式适用于扫描黑白照片、图像档案，色阶的选择要适度，只要不影响图像质量即可。色彩数表示颜色的范围，色彩数越多图像越鲜艳真实，文件所占容量也越大。同样，色彩数选择也要适度，不是越多越好。彩色模式适合扫描页面中有红头、红印章的档案或彩色照片的档案。须永久或长期保存，或向国家档案馆移交的档案，一般应采用彩色模式扫描。

2. 图像处理

扫描完成后，必须按照要求将所得图像进行技术处理，纠正档案扫描件和原件的偏差，使扫描后的档案图文更加清晰、规范。图像处理大致包括以下内容：

（1）图像数据质量检查

对图像偏斜度、清晰度、失真度等进行检查。发现不符合质量要求时，应重新对图像进行处理。由于操作不当，造成扫描的图像文件不完整或无法清晰识别时，应重新扫描；发现文件漏扫时，应及时补扫并正确插入图像；发现扫描图像的排列顺序与档案原件不一致时，应及时调整。认真填写相关表单、记录质检结果和处理意见。

（2）纠偏

对出现偏斜的图像应进行纠偏处理，以达到视觉上基本不感觉偏斜为准。对方向不正确的图像应进行旋转还原，以符合阅读习惯。

（3）去污

对图像页面中出现影响图像质量的杂质，如黑点、黑线、黑框、黑边等应进行去污处理。处理过程中应注意不要破坏档案的原始信息。

（4）图像拼接

对大幅面档案进行分区扫描形成的多幅图像，应进行拼接处理，合并为一个完整的图像，以保证档案数字化图像的整体性。

（5）裁边

采用彩色模式扫描的图像应进行裁边处理，去除多余的白边，以有效缩小图像文件的容量，节省存储空间。

以上处理，可以根据肉眼判断，人工处理完成。也可以用专门设计的软件，预先进行某些设定，然后由计算机自动处理完成。计算机处理当然效率高，但是没有人工处理灵活。例如，一旦将污点的大小尺寸设计得过小，计算机会将某些标点符号当作污点而自动去除。因此，扫描图像处理还须采用人工和计算机自动处理相结合的方式。

3. 图像存储

（1）存储格式

采用黑白二值模式扫描的图像文件，一般采用 TIFF（G4）格式存储；采用灰度模式和彩色模式扫描的图像文件，一般采用 JPEG 格式存储。存储时压缩率的选择，应在保证扫描的图像清晰可读的前提下，以尽量减小存储容量为准则。提供网络查询的扫描图像，也可存储为 CEB、PDF 或其他版式文件格式。

（2）图像文件的命名

应采用档号或唯一标识符为数字档案资源命名。采用档号为数字档案资源命名的，若以卷为单位整理，按《档号编制规则》编制档号，推荐增设档案门类代码作为类别号的子项；若以件为单位整理，档号可采用"全宗号—档案门类代码·年度—保管期限—机构（问题）代码—件号·子件号"结构。

4. 目录建库

（1）数据格式选择

目录建库应选择通用的数据格式，所选定的数据格式应能直接或间接通过 XML 文档进行数据交换。该数据库建立可以通过专用的档案管理系统或扫描加工管理软件录入，也可以先在 Excel 专门设计的档案目录表格中录入，然后将数据导入至档案管理系统。

（2）档案著录

按照《档案著录规则》的要求进行著录，建立档案目录数据库，并录入档案目录数据。

（3）目录数据质量检查

为了确保数据的准确性，可采用"单机录入—人工校对"或"双机录入—计算机自动校对"的方法。不管是人工校对还是计算机校对，都要核对著录项目是否完整，著录内容是否规范、准确，发现不合格的数据应进行修改或重录。

5. 数据挂接

档案数字化转换过程中形成的目录数据库与图像文件，质检环节确认合格后，通过网络及时加载到数据服务器端汇总。目录数据库与图像文件应避免采用既慢又容易出错的人工挂接，尽量采用计算机批量自动挂接。只要扫描制作的数字化文件是按纸质档案的档号命名，就可以通过编制挂接程序或借助相应软件，实现目录数据对相关联的数字图像的自动搜索、加入对应的电子地址信息等，实现批量、快速挂接。

6. 数据验收

以抽检的方式检查已完成数字化转换的所有数据，包括目录数据库、图像文件及数据挂接的总体质量。目录数据库与图像文件挂接错误，或目录数据库、图像文件出现不完整、不清晰、有错误等质量问题时，抽检标记为"不合格"。一个全宗的档案，数字化转换质量抽检的合格率达到95%以上（含95%）时，予以验收"通过"。

合格率=抽检合格的文件数/抽检文件总数×100%

认真填写纸质档案数字化验收登记表单。验收"通过"的结论，必须经审核、签署后方为有效。

7. 数字化成果管理

应加强对纸质档案数字化成果的管理，确保其安全、完整和长期可用。纸质档案数字化成果提供网上检索利用时，应有制作单位的电子标识，并根据具体情况分别采用可下载或不可下载的数据格式。

（四）档案装订、归还阶段

按检查整理阶段确定的顺序将扫描完的档案装订好。装订时必须保持档案的原貌，不得更换卷皮，不得缺漏页，且按照档案原有的线孔装订。装订好后要将档案检查一遍，看案卷装订是否结实，有没有脱页，顺序对不对，档案及目录齐不齐。检查完毕后，归还档案保管处，办理归还手续。

三、我国档案数字化建设实践策略

随着我国科技软件系统的不断开发与扩充，档案信息化建设是信息时代我国档案工作的主题，也是今后档案工作发展的必经之路，而档案数字化建设作为档案信息化建设中的重要内容，是顺应社会潮流、适应信息时代发展的新举措、新要求。

（一）创新服务观念

第一，升华信息服务内容，要明白数字档案馆的意义不仅是收藏信息和传递信息，还要对其进行开发和利用。相较传统的档案馆来说，数字档案馆的功能应该更丰富、更强大。第二，扩大服务内容的宽广度，拓宽知识面，为用户提供最好的帮助和指导，满足用户的根本需求，实现真正意义上的资源共享。第三，根据实际情况开发专门的知识库管理平台，对其中存储的知识信息进行适当提炼和整理，将不同渠道收集到的信息进行有机整合，并转变其性质，提升自身的自主创新能力。

（二）创新服务内容

目前，对我国数字档案来说资源库是建设重点，必须不断丰富资源库的内容，对其进行创新和完善，保证信息的利用效率。具体实践措施如下：第一，我国应该根据档案馆的实际收藏情况建设档案全文数据库，对纸质档案进行数字化处理，转变成其他格式存储在数据库中。对光盘类的文件，应该注意其格式的规范性，然后统一进行归档处理。第二，我国应该建设多媒体档案数据库，从多方面收集相关视频、图片等信息，编研多媒体档案材料产生多媒体档案。不断丰富其收藏内容，保证可以为用户提供形象生动、图文并茂的数据信息。这样不但可以改善服务手段，提高服务质量，而且能在一定程度上受到更多用户的认可。第三，我国应该建设专题数据库。档案专题数据库在档案数据库中占据重要位置，是一种特殊的形式。它主要以所有档案库的资源为基础，通过对所有档案库进行管理，将其资源整合在一起，然后进行针对性的分析归档，提炼出最具价值的数据信息。有效满足了用户不同程度的需求，在很大程度上发挥了数字档案馆的积极作用。

当前的社会是一个技术及科技爆发式发展的社会，眼下纸质档案数字化建设如火如荼，相较传统纸质档案来说，内容更丰富、设备更先进、服务质量更高，极具推广价值。但是从目前的情况来看，档案的数字化建设和发展还存在一定的问题，有关部门必须加强改进和完善，创新服务模式，引进高新技术，提高服务质量，保证可以为用户提供最及时、最有效的数据信息。从而实现档案工作管理规范化、资源数字化、服务网络化，希望我国档案的发展与实践更加完善。

第五章　数字化时代档案管理的优化思路

第一节　多载体档案统筹管理

在我国，信息化真正在各行各业应用起来并产生有历史价值和凭证作用的电子文件和数字化档案信息，是 20 世纪 90 年代以后的事情，有条件的档案馆也随之探索和开展档案信息化的初期建设和简单的案卷目录计算机化管理和查询利用。但从全国来看，依然还有很多档案馆尚未启动信息化或还未真正将计算机和信息系统使用起来，各行各业档案信息化的应用水平也参差不齐，产生和形成的档案有模拟的，也有数字的，使用的载体有纸质的，也有光盘、硬盘和其他数字格式的。

应该说，进入 21 世纪，我们处于一个纸质与电子、模拟与数字共存的状态，处于传统管理向现代管理转变的过渡转型期。档案馆内部存有大量的纸质档案、缩微胶片、录音和录像带等各种载体的实体档案，档案馆新接收的档案既有各种形式的电子信息，也有大量的纸质档案。在这个特殊时期，档案载体形式多元化、管理工作复杂化、技术手段多样化、服务利用个性化成了现实的挑战，而档案管理的组织和队伍很难随之更新和发展。因此，随着档案资源和档案信息管理规模的不断扩大，档案信息的管理问题势必引起社会的高度重视，要求档案工作者思考统一的管理思路，兼顾所有载体档案的统筹管理。

一、档案目录信息统筹管理

无论是电子的还是纸质的档案，无论是手工管理还是采用计算机实行自动化管理，整理、分类和编目始终都是档案工作的重要组成部分，档案目录是各级各类档案馆提供档案服务利用的基础信息，也是实现档案检索和提供档案利用的重要依据。

馆藏的传统载体档案中，手写档案目录是最常见的方式，而新归档的各类档案会形成各种机读档案目录，或以 Excel、Access、Word 或以关系型数据库格式存储的数字形式的目录信息，为了方便档案利用者，档案馆必须对已有馆藏和以后归档的所有档案的目录信息进行整合，按来源原则或信息分类方式分别进行整理、分类与合并处理，形成能够覆盖各类档案资源的目录信息，并采用档案管理信息系统对档案目录信息实行统一管理，实现目录信息的资源共享和统筹管理。避免长期以来数字化档案采用管理信息系统进行管理，纸质档案采用手工翻本的方式进行检索的做法。在档案馆实施信息化过程中，目录信息的数字化也是很重要的一项任务，不能由于工作量大、过去没有录入就成为历史遗留问题。

档案目录信息统筹管理的另外一个含义是案卷目录和卷内文件目录的关联管理，即尽可能将卷内文件目录也实行计算机化管理，并与其对应的案卷目录进行关联。当检索到案卷目录，就可以方便地浏览其卷内文件目录，提高检索的准确度；当检索到卷内文件目录时，也能够很快地定位到它所对应的案卷目录及其所在的库房存址，以方便调卷。

当然，由于档案馆人、财、物等资源的限制，档案信息化工作也是一个循序渐进的过程，不可能做到一蹴而就，因此，需要根据业务工作需要的紧迫程度，首先解决重要问题。有些档案馆在信息化实施一开始，注重新接收档案的目录建设和全文管理，而将原有馆藏档案的目录和实物数字化作为二期工程来实施。实力较强的档案馆则将两项工作并行开展，以加快档案数字化处理和信息化利用的效率。无论采取哪种策略和方式，档案信息化最终的结果是将档案馆的档案全部实行信息化统筹管理，既方便档案工作者，又方便档案利用人员，更能为未来档案资源的社会化服务与信息共享奠定坚实基础。

二、目录全文一体化管理

档案全文，一方面是指馆藏档案内容的数字化信息，如缩微胶片、照片以及纸质档案数字化形成的静态图像文件，磁带、录像带等经过模数转化后形成的声音、图像等多媒体文件；另一方面是指各机构使用计算机和办公自动化系统等产生的电子文件归档后形成的数字化档案信息。这些全文信息是档案的内容实体，与档案目录信息相比较，档案全文能够提供更详细、更完整和更准确的内容和信息。然而，很多档案馆在接收电子文件或进行数字化加工后，没有将这些原文信息很好地管理起来，而是将这些数字化全文和图像存储在光盘、磁盘或网络存储器上，与保管纸质档案一样，把它们放在库房中，甚至没有进行分类、编目，根本无法进行系统化管理或提供利用。这完全违背了馆藏数字化和接收电子文件进馆的根本宗旨。我们知道，数字化信息最大的特点是利用的方便性和检索的快捷性，档案馆花费大量的时间、人力、物力和财力开展馆藏档案数字化和接收电子文件进馆的主要目的是方便利用，对使用频繁的历史档案而言，也起到保护档案的目的。

实行目录全文一体化管理是信息化管理中比较有效的一种方式，其工作原理是首先在档案目录中进行检索，缩小范围，然后再检索全文，以便准确定位查档目标。通常采取的方式是：将档案目录信息采取关系型数据库管理系统实行统一管理，将扫描后的图像文件和新接收的电子文件档案以文档对象或文件形式存储在文件服务器或者内容服务器上，并通过一定的访问规则将档案目录信息与这些文件对象进行关联。在检索到档案目录信息时，就可以浏览和检索全文。如果在信息系统中，还需要按照系统设定的用户对目录和全文的浏览、检索权限进行处理。

目前，很多档案馆在接收电子文件时，采用"目录全文关联归档"方式。这种归档方式是将电子信息分门别类，整理成方便检索的目录信息，并将电子原文与电子目录进行关联挂接，即将电子信息的目录与全文进行捆绑。具体实现思路就是把目录信息与电子全文信息分开存放，将电子信息进行分类、编目，形成档案目录信息，将目录信息存放在关系型数据库中，将电子全文存放在文件服务器或数据库的二进制存储对象中。因此，在实现电子信息归档时，必须做好分类编目、原文整理以及梳理它们之间的对应关系。同时与之相配套，需要建立"电子信息背景应用环境"自动下载中心，以确保电子文件档案的可读性。文件中心可以是一个将所有欲归档的信息集中到的一个逻辑管理中心，其物理位置可能是分布式存放在每一个业务系统内部，也可能是存放在档案馆的一个专门的服务器上，网络的使用已经模糊了电子信息的物理位置，只需要按照要求使工作人员方便管理、方便访问就达到目的的。

在实际利用工作中，并不是所有有价值的档案都会被所有的档案利用者频繁查找，如工程设计或建筑系的人员需要经常查询的是工程图纸类的档案信息，而很少关心财务类的档案，而建筑专业的利用者基本上只查看此类档案的应用软件和浏览工具。正是基于档案利用者的这个根本需求和特点，"目录全文关联归档"方案是方便可行的，不需要像"脱机存储法"那样，针对每一类电子文件信息都记录它们的应用背景、环境信息，使存储介质中贮存了大量的冗余信息，造成资源浪费。但是，为了满足和方便利用者查看其他类电子档案信息，如单位领导可能会查看各类综合档案，"目录全文关联归档"方案采取提供"电子信息背景应用环境"自动下载并提示装载的手段，以满足对那些想查看数字档案信息，但其客户机上没有安装运行环境的网络用户的要求。

实施"目录全文关联归档"，要求档案工作者要转变传统的工作方法，从档案利用者的需求出发，分析档案被利用的范围和特点，遵循档案管理的原则和标准，对部门形成的数字化档案实行即时归档，即将"目录全文关联归档"的思想贯穿于电子档案形成的全过程。档案馆的工作人员也要充分利用现代化管理手段，通过网络开展指导、鉴定、归档与管理工作，将工作重点转移到分析档案利用者的需求、开发档案资源的编研与开发、监控电子文件的形成过程，将工作模式从"被动接收"转变为"主动挑选"，将真正有价值的、值得保存的电子文件转化为未来社会需要参考和利用的档案资源。

档案信息的"目录全文关联归档"方案，充分体现了档案工作者在电子文件归档过程中采取的"主动服务、一体化管理"的全新理念，也保证了归档以后的电子信息能够获得科学有序的管理和提供利用。这种方案已经被很多档案馆所采用，并且推广应用于馆藏档案数字化处理后的目录信息与电子图像信息的管理中，这是目前我国档案信息化工作过程中值得借鉴和采纳的、行之有效的解决方案。

三、档案工作的"双轨制"

各行各业信息化的大力开展，必将形成大量的电子文件和电子档案，但这并不等于档案馆以后就不再接收纸质文件。由于电子档案的法律依据、永久保存和安全管理等方面还存在这样或那样的须进一步探究和明确的问题，而实践经验告诉人们，优良的纸质档案可以保存上千年。因此，在未来相当长的时间里，电子档案和纸质档案将长期共存，二者之间的共存、互动与消长构成了信息时代人类记载历史的特殊方式。"双轨制"将成为 21 世纪档案工作的主流模式。

"双轨制"是指在文件形成、处理、归档、保存、利用等过程中，纸质文件和电子文件二者同时存在，两种载体的文件同步随办公业务流程运转，同步进行归档、同步进入归档后的档案保管过程。实行双轨制的机构，在文件进入运转程序时就以电子和纸质两种载体并存，业务人员要对同样内容的两类文件进行并行办理。由此看来，"双轨制"的核心是从文件的产生开始就以两种载体形式记录各项社会活动的信息。这些记录中有保存价值的将作为档案进入归档阶段，将纸质和电子的记录同时移交到档案馆。实行这种从头至尾的彻底双套做法是各行各业信息化应用的初级阶段，特别是在《中华人民共和国电子签名法》发布之前，电子文件的法律效力无法认可，电子文件的安全性、真实性和完整性很难得到保障。21世纪初，《中华人民共和国电子签名法》经全国人大审议通过，有了法律保护，电子签名具有与手写签字或盖章同等的法律效力，电子文件与书面文书一样具有同等法律效力。从此，借助网络环境、数字签名、身份认证等技术，确保电子文件从产生、审批、流转、会签、归档等各个过程的原始、完整、有效和可读，实现无纸化办公，成为21世纪人们追求高效率和科学化、规范化、自动化管理的现实需求。在这种形势下，是否还需要在文件的运转过程中实行"双轨制"成为大家关注的焦点和热点问题，也是学者们研究的重点。

就网络、电子环境本身而言，尽管它们存在先天的"不安全"和"淘汰快"等缺点，但每一种新的服务器、存储器、数据资源管理系统的出现都会兼容老的版本或者出台新的数据转换或迁移方法，目的是确保原来的电子数据不失效或可读。事实上，很多"读不出来"的"丢失的"数字化的文件和档案，究其原因主要是在计算机硬件环境和软件平台升级的特殊时期，没有及时做数据的转换或迁移工作，当属管理上的失职。当然，每一次转换或迁移都有可能破坏档案文件的原始性，或者丢失一些相关信息，这才是为什么要实行"双轨制"的根本原因。

彻底的"双轨制"需要投入很多人、财、物，在电子文件形成过程的管理上也很复杂。因此，很多单位采取了"双套归档"的做法，一种是将办公自动化系统中属于归档范围的电子文件在归档前，制作纸质拷贝，归档时将二者同时移交到档案馆；另外一种则是对纸质的文件进行数字化扫描和文字识别处理，形成纸质档案的电子拷贝。这样，保存的电子文件可以方便网络化利用，纸质文件则主要用作永久保存，有些单位则采用缩微技术，实现档案的缩微化保存。这些做法不可避免会增加档案馆接收档案和管理档案的复杂性，提高档案管理和保存的成本，但这依然是21世纪档案工作的主流方式。随着时间的推移，档案馆保存的纸质档案和电子档案的比例将会逐渐发生变化，但纸质档案还会在相当长一段时间成为馆藏的主要内容。

因此，各档案馆需要根据自身管理档案的特点和所拥有的资金、人才、网络设备资源等状况，选择恰当的档案接收方式，开展档案的接收和档案信息化管理工作，比如是全部档案做双套归档还是将重要的部分做双套归档，是在管理过程中随着档案利用的需要做数字化还是全部数字化等。在这一点上，每个档案馆的情况都不完全相同，因此无固定的模式可循。

第二节　文件档案一体化管理

计算机的普及，电子文件的产生，各种办公自动化系统的推广和应用，使文档一体化管理真正成为可能。一套新的管理思想、技术和方法将取代过去的管理模式。文件档案一体化管理是文件生命周期理论和全程管理与前端控制思想应用于电子文件管理的典型模式。在网络信息系统中，电子文件和电子档案很难截然分清，各行各业的信息化形成大量的电子文件，在结束其现行业务之后，需要将有保存价值的电子信息进行整理、归档，进入永久保存期，这必然使文档一体化管理模式进入实质性的应用阶段。

一、文档一体化管理思路

文档一体化强调电子文件全过程管理的连续性和信息记录的完整性，目的是确保有保存价值的电子文件，自生成开始到生命周期活动过程结束的全过程，信息能够获得完全的记载和一致的保存。文档一体化管理的思路体现在以下几个方面：

（一）管理过程的互动性

文档一体化最显著的特点是：将现行业务系统的工作与档案工作实现互动与交叉。一方面使档案工作者从文件生成之日起就能够开展鉴定、归档及归档后的管理，通过前端参与和过程控制，加强为社会积累财富的执行力；另一方面也使得开展现行业务活动的工作人员增强了对档案的认知程度，使工作人员不仅认识到，只有将有价值的文件完整归档并移交给档案部门进行保管才算相应的工作真正结束，同时还要意识到，在开展现行业务系统的过程中，要责任明确、注意积累，记录电子文件活动全过程中所有重要的和有价值的信息，确保电子文件的真实性和完整性。管理过程的互动性加强了多方人员工作中的交流与沟通，对形成和积累有价值的、完整的、真实记载社会活动记录的电子档案具有非常重要的社会意义。

（二）应用系统的统一性

文档一体化管理模式的实现是文件和档案共同依赖统一的管理信息系统，并运行于同构的网络、服务器、数据库管理平台，采取相同的数据、文件存储格式，不同的是管理文件与档案工作人员对信息系统的操作权限有所不同。在文件的生成、处理、会签、审批等各业务工作处理阶段，业务工作人员拥有对文件的增加、修改、删除等权限，而档案工作者只有查看、浏览的权限。在文件结束其现行期业务工作之后，进入归档阶段时，由电子文件的归档整理人员进行筛选、整理，而档案工作者则开始履行电子文件的鉴定职能和归档前的指导工作。在电子文件归档形成电子档案后，档案工作者则需要开展电子档案的保管，并为档案形成单位和社会提供档案的服务与利用。应用系统的统一性使得在从文件到档案的转变过程中，不再需要数据转换和迁移，保持文件信息的真实性和完整性，同时也降低工作人员使用信息系统的复杂性，减少使用过程中的错误发生率。

（三）工作流程的集成性

在传统的文件管理过程中，文件的形成、归档和作为档案保管与提供利用等环节，都将文件生命周期清楚地划分为三个相对独立的过程，即现行期、半现行期和非现行期，并通过现行业务工作部门、机构档案室和档案馆三个物理位置不同的部门分别完成各自的工作。而文档一体化则将文件、档案的管理流程实现了集成，要求在一个统一的系统内，有统一的控制中心，统一的工作制度，统一的且各有特点又互相衔接的工作程序，将档案著录、鉴定、保存和管理等工作贯穿文件的形成、流转、会签、批准或签发、整理、鉴定、归档、移交、保存或销毁等各个环节，实现各个过程中工作流程的集成和信息的共享，而且能够根据不同的文件与处理要求定义特定的工作流程，实现流程的优化和个性化处理，提高了工作效率，降低了档案接收和保管的复杂性，避免了信息的多次录入和产生不一致信息的可能性。工作流程的集成性体现在以下几方面。

1. 归档工作与文件处理业务活动的集成

各单位在采用办公自动化系统形成和处理文件时，可以考虑对重要文件贴上归档标记，保证其在处理完毕之后即可存入档案数据库。这个动作将一直被定位为将业务活动最后环节的归档，贯穿电子文件处理业务流程的各个阶段。

2. 归档工作和鉴定工作的集成

文件形成之日对重要文件做归档标记，是对文件保存价值的一个初始判断，档案工作人员在开展鉴定工作时，重点考虑带标识的文件。这样既保证了鉴定的质量，又提高了工作效率，使归档文件的质量控制和文件的技术鉴定工作得以同步进行。

3. 归档工作和用户权限设置、数据备份等安全保护活动的集成

归档意味着电子文件管理权由文件形成单位转移到档案保管单位，系统用户对文件的操作权限随之发生变化，另外归档过程中需要对归档电子文件做电子签章、做数据备份，这些工作都可以随着归档工作的结束同步完成。

4. 归档工作与档案整理工作的集成

归档的同时，系统将根据预先设定的档案目录信息著录的规则，实现自动分类、自动著录，然后，在人工参与下进行核对、再确认和添加档案馆保管档案的其他元数据项的内容。

（四）业务处理的自动性

文档一体化是在充分信任的网络、计算机和信息系统的数字环境下开展工作，采用信息技术和基于工作流程管理理念实现的自动化信息系统，不仅提高了工作效率，而且降低了错误发生的概率。同时，在一些业务处理环节增加了系统自动处理技术，如电子文件版本信息的自动跟踪、电子文件处理过程中的责任链信息的记录、基于管理规则实现的电子档案的自动标引等，都大大提高了业务处理工作的自动化程度，减少了人工操作的复杂程度。由于这些自动化的处理过程

是通过系统进行身份认证之后自动生成并保存记载的，因此，大大提高了电子文件整个生命周期活动中信息记载的真实性和完整性。

（五）归档工作的及时性

通过对文档一体化应用系统的广泛使用，档案工作者能够随时对归档范围内的、已经完成现行期使命的文件实行鉴定、整理、归档和提供利用等工作。一旦电子文件的形成机构确认该文件已经结束现行期的历史使命，就完全能够实现即时归档、即时鉴定，避免以往通行的隔年归档中存在的各种问题，如丢失、泄密、滞后等。

（六）安全管理的有效性

文档一体化一方面使电子文件归档过程变得简单、快捷，自动化程度高；另一方面使人们对电子档案原始文件与档案目录数据实现了同步管理，最大限度地减少了人工的干预，不仅提高了归档工作的效率，更重要的是大大增强了归档过程的规范性和安全性。网络和信息系统带来的安全风险能够通过采取各种现代技术手段得到控制和加强。事实上，据权威机构统计，70%的信息安全事件来自管理上的漏洞，应该说采用自动化手段执法比靠人工执法的安全性要高。特别是在《中华人民共和国电子签名法》实施后，电子签名、数字证书、身份认证等一些安全措施和技术手段的采用，也将大大增强电子文件和电子档案安全管理的有效性。

二、文档一体化实现方法

文档一体化管理系统的建立离不开计算机与网络技术的支持。现代化的办公系统要求文书与档案工作紧密衔接，实现办公信息的传递、存储、查阅、利用、收集的现代化和自动化。由于受我国文件和档案分开管理传统模式的束缚，迄今为止，办公自动化系统与计算机档案自动化管理系统是两个相互独立的系统。

目前，不少名为"文件和档案管理一体化的信息系统"，其实也只是将文件管理和档案管理并列，而非真正将数据集成在一起，仅仅是将办公自动化系统产生的数据自动导入档案管理的信息系统，这绝非真正意义上的文档一体化管理信息系统。文档一体化要求对归档文件的真实性、完整性、有效性要在文件产生阶段就要加以控制，鉴定、编目、著录、标引等工作也要在文件产生和处理阶段进行。因此，研发能够覆盖电子文件全部活动，实现文档状态记录和全过程管理的集成系统，将部分"档案管理工作"前置到"公文处理工作"中的文档一体化计算机管理信息系统，是实现文档一体化管理的关键。

从文件产生到利用的生命周期角度看，文件与档案的关系决定了它们具备实行一体化管理的条件。一方面，现行文件与档案是一个具有内在联系的整体，它们的物质形态、内容主题以及本质结构都是相同的，均是附在有形物质上的信息，其区别仅在于文件是现行文件而档案是历史文件，从现行文件变成历史文件，是一个顺序完成的过程。显然，归档文件与档案只有文件所处阶段的区别而无本质的不同，对处于不同阶段的文件实行一体化管理，是社会发展的根本要求。另一方面，文件形成、处理部门与档案部门只是分别管理处于不同阶段的文件，在文件的产生、流转、审批阶段，文件处于不停地流转过程中，所以需要分散保存和管理，这有利于随时查用和迅速运转。文件分散保存的任务主要由文件产生部门承担。当文件运动周期完成以后，文件就处于"休眠"状态，这时需要集中整理后并归档保存，这样既有利于档案的完整、安全和科学的管理，又有利于向社会各界提供查询利用，这就需要有一个服务机构即档案馆进行统一管理。因此，文件形成与处理部门和档案馆二者都是为了存储、传输和利用文档信息而存在。

从系统学的角度看，文件和档案的管理是一个完整的信息系统，在这个信息系统中，文件的质量直接决定着档案的质量，档案的质量又对未来文件的形成、收集和整理归档产生推动作用，二者的关系十分密切，相互关联又相互影响。因此，把文件和档案纳入一个统一的系统内进行管理，既有利于文件与档案信息资源的系统化优势的发挥，又符合档案馆现代化管理的快速发展需要。

（一）文档一体化系统业务流程

文档管理的实际办公过程比较复杂，有保存价值的电子文件经过整理、鉴定、审核、移交、归档到档案部门管理后，形成电子档案。

（二）文档一体化系统功能结构

通常情况下，文档一体化管理信息系统的功能包括系统维护、收文管理、发文管理、归档管理、文印管理和档案管理。这几个模块相互关联，内部信息集成化共享，真正实现了电子文件到电子档案的自然归档和一体化管理。

1. 收文管理

以电子文件的形式处理和记载上级公文、平级来文，用户可根据公文的登记日期、急缓程度、当前流转状态等过程信息快速有效地找到相关文件并进行相应的操作，主要包括收文登记、收文流转、文件催办、流程监控、文件发布等过程。

2. 发文管理

处理并转发内部制定的或外来的文件。电子文件起草后，均须逐级通过各主办与会签部门人员的审批和修改，最后提交领导签发，形成正式的公文，然后登记、归档。主要包括发文起草、发文流转、文件催办、流程监控、发布等主要工作。

3. 归档管理

电子文件的归档大多采用以下两种方式：一是通过机构内部局域网的电子公文传输系统从网上实现自动归档，系统通过归档环节后，电子文件的管理权就移交给档案管理部门，成为电子档案。此时，其他业务人员能够按照系统授予的权限查询电子档案，但不可以修改。档案在归档环节中，系统需要设定各种技术措施如电子签章、完整性验证等手段来确保归档的电子文件是有效的、完整的。这种方式是文档一体化系统内部自动实现的功能，档案管理人员只需要按照系统使用要求进行合理的操作，关于系统的数据备份、安全性等措施需要按照档案法和电子文件归档标准与规范严格进行管理和实施，在系统设计之初，档案业务人员需要提出充分的需求才能保证文档一体化管理系统功能的完整性且符合实际工作的要求。二是各立卷部门在向档案馆移交纸质档案的同时，上交电子载体存储的各种信息，如磁盘、光盘等。这种方式主要用于一些重要的凭证性或机密性电子文件的移交，归档后的管理也应采取相应的物理隔离措施和安全防护方法，特别是涉密档案不能存储在网络上，防止泄密。

4. 档案管理

根据国家版本的电子档案归档与管理的相关标准，执行档案的移交、接收、审核、保存、管理、查询、统计以及提供服务利用等工作，档案形成机构可根据档案的信息类别或档案来源建立相应的档案信息资源库，并可根据归档年度、归档部门或档案实体分类等建立快速检索机制，方便借阅和提供利用。

（三）电子文件网络化归档的真实性保障方法

整个过程包括电子文件归档产生的数字化档案信息的形成、归档、管理和利用四个重要阶段，每个阶段都需要采取各种策略和方法保障档案信息的真实性。

现行的电子文件是增量数字档案的原生信息，这个阶段档案信息真实性保障的主要责任人是电子文件连续被处理的多个现行业务工作者，信息系统中常采用的技术保障措施是电子签名、日志跟踪、计算机处理等，在信息系统中记录和保存电子文件的形成、流转、审批到结束现行期业务全过程的原始信息和变动信息，形成电子文件的多个过程版本，并在终稿完成后，在档案专业人员的指导下，及时开展电子文件的归档工作。电子文件在现行期的任务结束后，其真实性风险因素主要取决于人为原因造成修改或者网络黑客有意篡改系统中记录的原始信息、过程信息和终稿内容。因此，保障真实内容的安全方法是建立电子文件的终稿转存库，实现电子文件从现行期系统中自动转入半现行期的提供利用的信息系统中，加强管理，增强系统的自动化处理功能，采取各种有效措施确保终稿的电子文件不被任何人修改。因此，现行期电子文件所生存的办公自动化系统应采用电子签名技术，加强对访问该系统的用户身份的认证，在文件终稿形成并进行发文或归档前加盖电子公章以避免被修改，这正是对《中华人民共和国电子签名法》的具体实施。

进入归档阶段的电子文件，如果采取网络化归档方式，应重点防范网络上非法访问的篡改行为以及网络传输过程中数据被修改的可能性。这个阶段，建立客户信任的专网传输通道是必要的也是很有效的，利用公网传输的用户可以考虑采用 VPN 技术实现网络化归档，充分采用 VPN 的数据加密、身份认证、访问控制、隧道封装技术等，以保障档案信息从信源真实地传送到信宿。对于密级较高的数据，采取介质归档比较稳妥。当然，这个过程中，归档单位对档案人员工作的管理制度和规范化操作要求依然是非常重要的。在这个过程中，档案专业指导人员的重点在于监督执行，并严格控制人工原因造成的失误。

电子文件归档后进入档案及其信息的接收、维护和综合管理阶段，档案馆接收的电子文件应具有法律依据，《中华人民共和国电子签名法》规定了电子签名的有效使用方法。因此，档案形成单位在移交电子文件时，需要采取法律上认可的电子签名、电子印章等方法保障准备移交的电子文件的真实性，档案馆在接收档案时应首先验证电子签名、电子印章的合法性，并将归档的信息与电子文件终稿转存库中的信息进行比较，在核实真实完整后，才能正式接收电子档案并将其迁移到档案馆的信息管理系统中，此时还需要在实行物理隔离的档案信息的灾难备份数据库中新增当前的档案信息，然后再开展维护管理和提供利用等工作。

提供利用的档案信息按照档案法、国家保密法规和档案保管条例，一般只在网上提供公开档案信息的服务利用，在档案工作人员严格执法和规范化操作的前提下，破坏档案真实性的风险因素主要来自网上非法用户的恶意篡改、病毒攻击等。因此在提供档案信息网络化利用时，除了加强网络安全防范措施外，还需要对公开档案信息采取灾难备份，并定期对网上提供利用的开放信息进行真实性核对。

由此可见，档案馆制定各个阶段电子文件真实性保障的规章制度将贯穿电子文件生命周期的整个活动过程，建立物理隔离的电子文件终稿转存库和档案信息的灾难备份库是保障档案真实性的有效措施，虽然会增加信息化系统的运行成本，但在确保档案信息真实性方面非常有效，也是可行的。

三、文档一体化深化应用的要求

实现文档一体化管理是信息时代档案工作的全新管理模式，是适应电子文件、电子档案管理发展的必然要求。文件、档案一体化管理的最佳实践是：在组织机构内部建立功能涵盖电子文件生命周期业务活动的管理信息系统。

文档一体化的实现使办公业务实现自动化、规范化，档案管理日趋现代化，具有电子文件从起草时就备份、从办文时就修正、办完后就归档、鉴定及整理等工作都能依靠计算机实现互动管理等优点。当然，开展文档一体化管理工作，对档案工作者也提出了更新、更高的要求，要求工作人员不仅要具有丰富的档案专业知识，还必须掌握现代信息技术，熟练地使用计算机及通信设备。

（一）提高认识、统一思想是文档一体化管理的基本要求

文档一体化的实质是将机构各部门相对分散独立的文件与档案统一为一个有

机的整体进行管理。这不仅能够加强档案部门对文件管理的超前控制，保证档案的质量，而且能够实现文档数据的一次输入，多次利用，减少重复劳动，节约人力、财力、物力和时间。然而，要想真正实现文档一体化管理，档案工作者特别是档案部门的领导，必须对文档一体化管理理念有一个全面、客观、科学的认识，并达成共识，充分认识到一体化管理的真正受益者是自身，认识到新时期文档一体化的必要性和紧迫性，认识到这是时代赋予当今档案工作者的使命。只有这样才能够顺利推行文档一体化管理，加强自觉性，面对困难，不逃避、不退缩，勇于接受新鲜事物，逐步应用文档一体化管理模式来开展各项业务。

当然，信息化工作是一项长期而复杂的系统工程，需要各单位投入必需的经费支持，这就要求各单位应逐渐增加对档案管理部门的投入，落实档案事业经费，高度重视档案信息化建设，把档案信息化作为机构信息化建设的一个重要内容来抓，统筹规划，同步发展，提高档案管理的工作质量和效率。

（二）加强电子文件管理的标准化与规范化

文档一体化管理，使电子文件与电子档案之间的关系更加密切，把二者放在一个综合的管理系统中，作为前后衔接、相互影响的子系统，统一地组织和控制整个文件生命周期的全过程。由于文件管理与档案管理的这种前后相承的关系，文件管理直接关系到档案管理的存在和发展，只有文件管理做到标准化、规范化，档案管理才能够顺利地展开。如果文件管理无章可循，混乱不堪，可以想象档案管理各环节也会陷入忙乱无序的状态，这也会影响综合管理信息系统整体功能的效用。因此，必须强化电子文件管理的标准化、规范化，严格规范表达文件内部特征和外部特征信息的各项数据，为更好地推行文档一体化管理服务。作为档案工作者，应严格按照《档案法》和《电子公文归档管理暂行办法》，参考《电子文件归档与管理规范》，对现行文件管理过程提出各种标准、规范和具体实施要求，从而促进文档一体化管理的规范化和标准化。

（三）加强培训和继续教育，提升档案工作者的综合素质

文档一体化管理要求档案工作者不仅具有档案学基础理论知识及专业知识，还必须掌握现代信息技术，熟练运用计算机及现代通信设备来操作网络化管理信息系

统，要求档案工作者不断调整自己的知识结构，提高技能，加强综合素质的培养。如果不熟悉计算机，不懂网络知识，根本无法接受文档一体化管理思路，更无法开展电子档案的管理工作，也不可能参与到电子文件管理的全过程中。因此，加强档案信息化咨询与培训，开展现代档案管理专业知识和档案信息化技术知识的继续教育，是档案部门迫在眉睫的任务，也是实现文档一体化管理的前提。否则，进行前端控制，开展电子文档的完整、有效和安全管理就成了一句空话。

第三节　档案资源多元化利用

一、档案资源的社会化利用

在信息社会和知识型社会迅速发展的 21 世纪，在档案信息化建设与发展的众多方面，无论是技术手段，还是信息资源的有效积累和广泛利用，都必将以档案信息资源的整合、集成、共享、利用作为出发点和落脚点，以传承人类文明，共享信息资源，实现社会的可持续健康发展。

（一）档案资源的知识化积累

档案的形成（鉴定、收集、整理与归档）是从个体知识到组织知识，再到社会知识转换的文化积累、动态跟踪的历史记载过程，档案的开发与利用（编研、开放、发布与利用）是人类传承文明、创新发展的进步与发展过程。这两个相互衔接、彼此推动的过程循环往复、推陈出新，构成了人类社会的知识化动增长（adaptive）和社会化自适应的档案资源不断丰富的过程模型。这表明档案文化通过"传—承—积累—发展—传"这样一种类似于文化加工厂的生产工序，随人类自身的繁衍而形成民族文化生生不息、无始无终的传承环链。

21 世纪初，我国的电子政务与各行各业的信息化已经进入以知识管理为核心的快速提升和综合运营的重要发展阶段，信息技术的发展把知识管理推到了重要的位置，"以知识为基础的经济社会"的提法更表明了人们对知识和技术在经济增长中的作用有了更充分的认识。可以想象，未来的互联网是一个丰富多彩的

"知识网"，是一个储存综合知识的文化资源大仓库。档案作为人类社会活动的原始记录者和忠实承载者，记录了人类社会成果的同时也揭示着人类文化，它是民族文化遗产的重要组成部分。同时，档案在文化传承中占据举足轻重的地位，发挥着不可替代的作用，因此，档案资源必将会成为未来"知识网"中不可或缺的重要组成部分，世世代代传承着人类的文明。

（二）档案资源的共享化利用

社会信息化使档案信息资源面临一个全新的生存环境与发展空间。美国档案学者杰拉尔德·汉姆先生曾指出：档案应该记载"人类生活的方方面面"，档案工作者要"创造一个反映普通百姓生活喜好、需求的全新的文献材料世界"，档案馆藏是反映"人类生活的广阔领地"。因此，档案资源唯有回归社会，得到最大限度的利用，才能体现档案保管的价值和作用。事实告诉我们，实现档案信息资源的集成化管理和共享化利用是档案贴近公众、服务社会的最佳解决方案。

要想实现档案信息资源的共享化利用，首先必须在档案基础数据库的建设上下功夫。档案基础数据库是建设数字档案馆和开展档案信息化的基础性工作之一，是实现档案信息资源的集成共享、统一管理、高效检索和方便利用的基础信息存储结构，更是国家信息资源数据库建设的重要内容。今天，我们处于信息技术快速发展的知识经济时代，城市综合服务资源库的建设是社会发展的需要，是加强政务公开、实现便民服务的一项基础性工作。我国已经在人口、法人单位、空间地理和自然资源与宏观经济四大数据库的建设方面取得较大成绩，档案作为人类社会活动的历史记载，档案资源的开发利用和档案基础数据库的建设是国家信息资源建设的重要组成部分。可以说，档案基础数据库的建设已经成为各级各类档案馆面向社会提供档案资源利用服务的基本职能，成为我国整合档案信息资源、弘扬民族文化、提高民族素质的历史性课题，同时也是档案工作者采用现代化手段记忆当今社会改革、建设、发展的真实过程，支撑社会经济发展的历史性责任和义务，更是政务公开、提高办事效率和促进科学决策的依据。

在我国也有一些省市级档案馆开展数字档案馆建设，制定了符合各地区需求的数字档案的元数据格式规范，建立了档案目录中心，提供部分开放档案信息的检索服务功能，具有典型示范作用。比如福建省档案基础数据库建设，它是基于分布式数据库,在原来单机和局域网络的基础上开发完成,它连接了若干分布式数据库,并建立了档案目录数据库、档案内容数据库等。但是多数档案馆还没有真正建立全面的、系统的、面向公众查档需求的档案基础数据库,而只是建立了一些专门的特定主题的数据库,只能满足一些局部或特定的用户需求,特别是开放的档案信息资源没有实现集成,信息结构不统一,档案数据不系统、不完整、不能共享,更为严重的是,没有形成一个统一的、能够描述数字档案资源的格式规范和建设档案基础数据库的标准方法、实现档案资源的整合、组织与存储的技术方案和行之有效的建设思路。另外,建设档案基础数据库的关键技术如海量、非结构化的数据存储解决方案,基于知识管理的数据仓库和数据挖掘等技术尚未在档案信息化领域得到广泛应用,这些因素都大大降低了档案基础数据库建设的速度和质量,致使各类档案资源难以形成一个统一的资源库整体,限制了档案资源的深层次挖掘和广泛利用。因此,研究档案基础数据库的元数据标准集、数字化档案信息的格式规范以及档案基础数据库的建设思路和方法、各类结构化和非结构化档案数据的组织、存储和检索利用的关键技术、整合方案、提供检索服务和共享利用的有效机制等,将成为当前档案馆信息化建设重要的基础性工作。

(三) 档案信息服务机制变革

随着全国各行各业信息化进程的加快,档案馆信息化应用也逐渐走向更广、更深的领域。档案信息服务将不再拘泥于传统的、单一的方式,将会有所创新,趋向多元化发展。

1. 服务方式由被动性向主动性转变

改变传统的被动服务方式,积极主动地开展档案信息服务。长期以来,在档案信息利用上,总是遵循一种传统的服务方式——"等客上门"。这实质上与信息社会的发展极不协调,不利于档案信息价值的体现与发挥,封闭了档案信息表现价值的众多途径。而档案信息服务方式也必须考虑到档案的特性,"送货上门"也是不行的,不符合《中华人民共和国档案法》的基本要求。档案信息的主动服务方式应该是"请客入门"。

具体的措施包括以下内容:①开展针对档案利用者的利用需求研究,主动地提供档案信息利用,首先要广泛、深入地研究不同方面、不同层次的利用者;②

进行必要的档案宣传工作，社会对档案还没有广泛地认识、了解，利用它就无从谈起了；③提供多种档案信息利用方式，编制多样化的检索工具，形成一个全功能、高效益的检索系统；④加强编研工作，编研成果的出版发行及交流，能将档案价值的精华系统、全面、集中地向社会公布，向档案信息利用者提供有效捷径；⑤助推档案信息中介服务机构的发展。目前，我国上海、苏州等城市已经出现信息中介服务机构。

2. 服务手段由传统型向现代化转变

计算机网络技术、数据库技术以及多媒体技术的发展使得档案信息服务手段发生了巨大的转变。借鉴相关学科数字化发展的研究成果，实现档案管理现代化应借助数字化综合管理信息系统，把分散于不同载体、不同地理位置的档案信息资源以数字化的形式储存，以基于对象管理的模式管理，以网络化的方式互相连接，从而提供及时利用，实现档案信息资源共享。我国是发展中国家，经济和技术条件的制约决定了档案管理手段转变的长期性，传统的档案馆信息服务技术与服务手段将得到一定程度上的扬弃，将以新的信息传播循环方式提供档案信息服务。

3. 服务内容由单一型向多元化发展

通过网络等信息技术与其他档案馆、信息机构及整个社会信息资源建立起紧密的联系。其信息服务将增加新的内容，诸如档案信息资源网络化组织管理、档案信息资源的网络导航、档案信息的数字化开发与提供利用、档案用户的教育培训等。例如在档案利用者的教育培训方面，就要在对利用者进行传统档案检索和获取方式培训的基础上，重点帮助利用者学会如何利用数字化的信息资源、如何选择档案信息数据库、如何从网上获取所需的档案信息、如何操作远程通信软件等。档案信息组织方式、检索方式、采集方式较之其他类型的文献信息来说，具有复杂多样、技术含量高、对利用者信息能力要求高等特点，而我国熟练使用档案信息的人很少，所以对档案利用者的信息检索能力、信息获取能力、信息筛选能力、信息识别能力的培养是一项档案信息服务的重要内容。

4. 档案资源由封闭性向开放性转变

在网络环境下，档案馆信息服务资源已不再仅仅局限于馆藏档案信息量等指标，而是着眼于档案馆获取档案信息、提供档案信息的能力。所以档案馆在充分开发利用本馆馆藏档案信息外，还必须通过网络检索利用其他档案馆馆藏信息和网上信息资源。建立档案信息资源的现代化管理系统，将档案信息纳入计算机网络，从而达到最快捷的信息资源利用效果。通过网络等信息技术实现档案信息价值的最大化，并最终取得档案信息服务于社会的最佳效果。这需要一个过程，从单机操作到建立档案管理信息系统网络、连接有关信息机构网站，最终并入国际互联网。从我国现实情况来看，这将有一个长远的过程，然而这必将是档案馆信息服务发展的终极目标。

5. 档案资源由单一型向多样性转变

档案馆提供的单一信息服务的资源是以收藏纸质档案为主要内容。在网络环境下，档案馆综合信息服务模式的服务资源则要朝着多种载体形式并存的方向发展，包括各种电子文件、光盘、多媒体、缩微载体和声像载体等，尤其要增加数字化馆藏资源的建设。网络环境下的数字档案馆所拥有的完整的馆藏含义应该是"物理实体馆藏+数字化馆藏"。我国档案馆在档案信息数据库建设方面的任务是：在保留传统档案文献的同时，应通过协作与协调，在一定程度上对馆藏资源进行数字化，要注意将各馆独特价值的馆藏文献数字化，制成光盘或上网传播，使各馆上网信息独具特色，并在此基础上形成一个档案信息网络。

（四）档案文化产业的形成与发展

文化产业在全球范围内是一个新兴的产业。20 世纪 50 年代，文化产业在西方一些发达国家逐渐兴起，随着社会物质文明的进步与发展，追求精神上的享受已经成为一种时尚，甚至成为人们生活的必需。我国文化产业的发展起步较晚，但在教育、体育、旅游、出版业、娱乐表演、媒介广告、影视，以及印刷、中介、经营、管理、咨询等方面已经形成规模，有相对完整的运作体系。这充分说明了新时期文化产业的形成与发展已经成为我国国民经济发展的重要内容。档案作为网络时代重要的信息资源，在现代知识经济型社会中起着越来越重要的作用，档案业务的开展正在被推向新的工作模式，档案文化的发展也被置于一个全新的市场背景之下。

具有深厚文化底蕴的档案，其固有的知识性、价值性、信息性、凭证性决定了档案是全社会重要的文化资源，具有潜在的开发利用价值和市场需求，这是档案文化产业能够形成的先决条件。这里试图按照文化产业的运作规律定义档案文化产业的理想模式，展望档案文化形成产业必须具备的基础环节以及这些环节之间的协调互动关系。

收集和整理、鉴定和归档业务是档案文化产业链的生存基础。不断积累和丰富的档案随着社会的发展和时间的推移，成为宝贵的社会资源，它的深挖掘、细加工和全方位的开发利用是使档案资源价值增值的基本手段。因此，专业化的编研与开发是产业链活动过程中最重要的内容之一，也是将档案资源转变为文化产品的重要环节。商品化运作是人们认识档案文化产品的根本途径，只有经过流通环节才能变成人们熟知的商品，才能被消费、被吸收，也才能产生更高层次的需求，这是产业链能否形成的核心因素。需求流（即市场信息流）、资源流和资金流贯穿档案文化产业发展的全过程，缺一不可。档案文化产业链中每个环节点上的活动可以自成体系，各个环节协调运作是档案文化产业链持续存在和良性发展的基本保障。档案文化产业的发展与壮大将会增强人们对档案资源的认知度，将会吸引更多的投资者，借助档案文化产品产生越来越多的社会效益和经济效益。

全球经济一体化使得档案文化产业的形成具备了充足发展的条件，但要真正发展起来，形成以档案文化产品为服务对象的产业化服务，还需要根据我国档案事业发展的具体现状，适时、适度地开展，同时也需要看档案从业人员和相关领域的工作人员能否抓住机遇，迎接挑战，开展各项有益于社会发展的档案文化宣传和利用活动。当前，我国的档案事业已经在以公益性档案服务事业为主的基础上，开始了商品化档案文化产品市场的开发与发展，这是适应全球经济发展的重要举措。然而，为适应社会的进步与发展，我们还需要进一步在档案事业和档案科学领域中不断地探索和思考，不断地创新和发展。

1. 更新观念，关注现实，按照先进文化的理念管理档案

按照先进文化的理念管理档案是摆在我们面前的极其重要的任务，也是历史赋予我们的重任。在理论上有所突破的同时，更应关注现实实践的探索与应用。就档案文化产业的功能而言，主要体现在利用档案资源为人类各种活动提供的服务上，而不在于其能否盈利和在多大程度上盈利；其服务的对象应该有社会性和广泛性，应该包括对社会各阶层、各领域的服务。当然，这种服务有一部分应该是有偿的，但其公益性决定了必须是微利的。事实上，档案的有偿服务已经在档

案利用方面体现出来。可以预言，今后可能有多种收入渠道建立起来。档案有偿服务是一个十分复杂的问题，盈利在现阶段很难作为档案文化产业建立的前提，档案文化的发展也不可能靠档案部门自身的有偿服务来维系。

2. 以政府改革为契机，调整工作体系，转变职能，创新档案文化发展体制

档案管理体制改革势在必行，应以政府改革为契机，调整档案工作体系，转变职能，适应知识经济时代档案文化发展的需要。可以考虑将学会改为协会，发挥协会工作制的积极作用，将教育培训、沟通协调、评估等协同工作交给协会来开展。政府要把档案工作列入经济社会发展计划，各地方或专业协会的职能要用法律形式固定下来，以协会为纽带，以档案馆（室）为实体，加大档案局的执法监管力度，重构新型的档案管理工作体系。从功能上讲，档案局的工作重点放在如何保证国家对档案的依法管理和国家对档案资源的所有权，主要职能是要体现依法监管和服务。档案协会是以服务为主、监管为辅的行业组织。档案馆是档案工作实体，作为协会成员，应履行会员义务，缴纳会费，得到协会提供的服务，并接受协会监管。同时，协会也是档案工作或从业人员利益的保障组织，在"依法治档"和保守国家秘密的前提下开展活动。

3. 以信息化为手段，促进档案行政管理体制改革

现行的档案上解制度、馆藏优化工作是长期未解决的重大课题。信息化工程的实施可以将档案的实体管理与信息管理实现物理分离，改变或取消多年沿袭的档案上解制度，仅此一举，就能为档案工作节约巨大的人力物力。在目前情况下，档案信息的网络服务则能从根本打破多年来档案重保管、轻服务的现状，根本改变人们对档案工作的认知程度，这对开发档案信息资源意义十分重大。我国信息化的理论和实践都证明，在实现管理机构的扁平化、提高行政效能等方面，信息技术起着重要的能动作用。就行业特点来讲，档案也是发挥信息化功能的最好应用领域之一，依靠信息决策依然是档案高层管理的主要理念，特别是办公自动化与电子文档管理的集成，现在和将来都是政务与企业信息化的重要方面。档案信息又成为各类数据仓库与决策支持系统的基础数据组成部分，为电子政务所必需。

4. 开展旨在建设先进文化的各类档案收集、利用、宣传、服务活动和项目

当前我国档案文化产业活动主要依靠政府财政拨款的支持，在一个较长的时

期内，仍会以这种方式为主。目前，各类档案文化活动相继开展，如教育、展览等活动取得了比较好的社会效益。重大事件和个人档案的征集工作也有新的突破，但在认证服务和各类提供凭证性的服务工作中，作为档案部门的特色服务方面仍无章可循，存在很大的随意性。在现有机制下，档案的收费服务规定也不统一，主要是科技、教育及文化档案本身的市场化利用没能反映知识产权的价值。在以后的改革和新的管理体制下，这些方面应该有所突破。今后，在档案服务方面，通过网络计算机提供的档案信息服务将成为档案文化服务的主流，这种服务无疑是面向全国经济政治的各个领域，其范围也将是全国化和国际化的，如果没有市场化运作的保障机制，将是不可能实现的。

5. 提高档案工作人员或从业人员的综合素质

提高档案工作人员或从业人员的综合素质是档案文化得以发扬光大的关键。近年来，档案人员文化素质的变化很大。但是改变档案人员"档案保管员""资料保管员"的形象以适应现代社会发展，还需要一段较长的时间。档案工作者应该具备所在行业的普遍性常识和档案管理的专业知识，要掌握信息化知识、基本的计算机操作技能和数字化档案的管理与备份技巧，又要有文化产业要求的市场开发能力和服务能力，达到信息时代的公务员与文化工作者的双重要求。这无疑是对现在档案工作者的挑战。

当前，我国正处在以档案文化产业政府监督与资助下的公益性档案服务事业为主、以商品化档案文化产品市场为辅的格局中，各级政府和档案部门正积极筹划，以深化改革为契机，把档案文化推向社会，推向市场。相信将来有一天，人们必定会迎来一个档案事业发展的新时期，档案文化将成为社会文化产业中的一朵奇葩。

二、馆藏档案数字化应用

为适应公众网络化查档和档案信息化管理的多元化需求，馆藏档案数字化和开展档案数字化应用系统的建设已成为现代档案管理的一项重要内容。对档案工作者而言，这也是一项全新的任务，需要在充分认识到馆藏数字化重要性和必要性的基础上，采取有效的策略和方法，开展馆藏档案数字化系统的建设和有效使用。

（一）馆藏档案数字化的意义和任务

中共中央办公厅、国务院办公厅联合发布的《关于加强信息资源开发利用工作的若干意见》中明确指出："各级党政机关、企事业单位要充分认识信息资源开发利用工作的重要性，加强政务、企业、产业等信息资源的开发与利用，充分发挥信息资源在信息化建设中的重要作用。"国家档案局在《关于加强档案信息资源开发利用工作的意见》中明确指出："档案信息资源的开发与利用是现代档案工作的重中之重。"档案作为一种特殊的文化资源，是国家信息资源的重要组成部分，它的开发与利用具有非常广泛的社会价值和实际意义。馆藏档案数字化工作主要包括以下两项任务：一是将传统载体档案目录进行数字化，二是将档案内容进行数字化。

档案目录数字化的主要工作是对载体档案进行编目，并将目录信息录入计算机系统中，建立档案目录数据库，利用管理信息系统实现档案目录数据的计算机化管理和目录信息的资源共享。

档案内容数字化的主要工作是将馆藏的纸质、照片、录音、录像、缩微等档案通过扫描、加工、处理（包括去污处理、图像处理、OCR 识别等），转变为文本、图像、图形、流媒体等数字格式的信息，存储在网络服务器中，利用计算机及信息系统提供查询、检索和浏览。

（二）馆藏档案数字化的思路与方法

"一切为了用"是开展馆藏档案数字化的主要目的。这就说明了档案馆工作人员不仅要开展档案目录信息的著录、馆藏档案内容的数字化加工与扫描，更需要建立一整套完整的综合业务管理信息系统，加强数字化后的档案信息的利用服务工作。由于馆藏数字化需要花费大量的人力、物力和财力，加之数字化加工过程对档案原件也会有或多或少的损害，所以，不能盲目地赶潮流、追先进、不分先后、不讲策略地将馆内所有档案逐渐进行数字化。

1. 做好馆藏档案数字化的前期基础工作

需要对哪些档案进行数字化、采取什么方法来开展、数字化加工需要购买哪些设备、除此之外还需要做哪些准备工作以及如何做等，都是馆藏数字化的前期基础性准备工作。

（1）做好可行性论证

要根据档案利用的需要、资金情况、馆内人员知识结构、馆内软硬件平台、馆内信息化应用现状等基本状况，在充分了解和认识馆藏档案数字化系统建设的复杂程度和技术要求之后，做好馆藏数字化系统建设的可行性论证工作，确保系统建设自始至终不被中断，确保数字化后的档案信息能够真正使用起来，见到实效。

（2）选择数字化加工方式

数字化是保管档案过程中所做的一项技术性较强的现代化处理工作，这对习惯了传统管理工作的档案工作人员来说，具有较大的难度。因此，需要提前做好规划，明确系统建设的实施方案。主要包括以下内容：馆藏档案数字化系统分几个阶段完成，每个阶段的任务和目标是什么，应对哪些档案做数字化加工和处理，数字化加工处理过程中的安全控制、进度控制、质量控制和成本控制等过程中应采取的方法与策略，数字化后的档案信息如何与现有的计算机信息系统实现集成，如何发布档案信息以提供利用，如何解决备份和长久保存等问题。这些都需要提前做好解决方案，并在档案工作人员和数字化加工协作人员之间达成共识后，才能开始工作。边加工边讨论的方式只能导致工期拖长、见效缓慢、安全性保障难，甚至导致项目失败。

对馆藏结构、馆藏量、馆藏利用量、馆藏档案年度、馆藏档案受损情况、档案存储介质、各存储介质的寿命等综合因素进行深入的分析，围绕档案永久保存特点、用户快速查档和高频查档的要求进行深入的研究，按照档案利用率和档案的紧急保护程度对库房档案进行量化分析，获得按年、季、月进行排序的需要进行数字化处理的档案案卷数量、纸张数量、纸张大小以及声像和缩微胶片的档案数量等，并以此来提出对购买设备的种类、数量和性能的要求。

如果档案馆内有缩微品档案且数量比较大，以后还会有进馆的缩微档案，就需要考虑是否在馆内购买缩微扫描仪，以解决长期的缩微品数字化的问题；如果数量很少而且以后也不会有缩微档案进馆，那么就不需要购买专用设备，可以考虑采用一次性的外协加工方式。录音、录像档案数字化方案也采用同样的分析方法，根据具体情况考虑是否需要购买专用设备并建立数字化加工流水线等事项。

多数档案馆藏以纸质档案为主，因此，建立纸质档案的数字化加工流水线几乎成为必须，当然各档案馆（室）也可以根据自己的实际情况，不购买扫描设备，采取分批分工的外协加工方式，只需要将加工后的数字档案信息进行科学管理、利用信息系统提供服务利用。这也是一种推荐的馆藏档案数字化加工的解决方案，特别是在数字化加工量比较大时，即便是在馆内建立数字化加工流水线，如果没有聘用足够的扫描加工工作人员，单靠档案馆内部工作人员很难在短时间内完成加工任务，达到良好效果，而专业化外包加工服务能够在保障质量和安全的前提下快速完成任务。

（3）筹备和落实资金

数字化加工的任务单靠档案馆的人力很难完成，往往需要采取商业化的运行模式或外协加工。另外，加工完成后，还需要购买网络化存储设备提供档案信息服务与利用，需要购买各种存储介质进行数据备份，而且数字化加工过程还需要购买保障安全的监控设施和扫描设备，系统实施后还需要聘用系统管理和数据管理人员开展大量运行与维护工作。建立馆藏档案数字化系统需要的资金大概包括以下四部分：①扫描并且进行全文数字化加工的费用；②数据发布系统的购买费用包括全文检索、模糊检索、多分类系统、图文关联、元数据编辑器等功能；③购买服务器的花费；④进行馆内人员培训、引进网络管理员和系统管理员等都需要资金。因此，在进行馆藏档案数字化之前，应在资金准备上给予充分重视。

2. 确定数字化加工的协作模式

档案内容数字化工作包括数字化预加工和深加工两步，预加工是能够将纸质档案、照片档案、缩微胶片等转变为电子图像文件，不能将纸质档案上的文字信息进行完全处理，深加工则是利用技术含量较高的 OCR 和语音识别等处理技术获取载体档案中的文字信息，以利于提供全文检索。

馆藏档案数字化工作量大，涉及扫描加工、图像处理、数字信息存储与管理、OCR 自动识别等技术，仅依靠档案部门的力量开展系统建设是很困难的事情，为解决这些难题，档案馆要做好以下三项工作：①在系统建设之初就需要开展需求调研与分析，考虑需要购买哪些硬件设备和软件支撑系统以及系统能够实现的自动化程度等，这必然需要开展大量的咨询、诊断和分析等工作，聘请有经验的、开展数字化加工的专业服务机构来协助档案馆开展系统规划是非常必要的。②开展数字化加工，首先要建设一个能够支持加工过程各环节进行数据管理的信息系统，然后再基于该系统有条不紊地开展工作，只有熟练操作和使用各类数字化设备的加工服务人员才能确保速度快、质量高，确保工作的有序开展。③数字化加工完成后，生成的各类电子图像、原文信息、档案目录数据等都需要做关联处理，而且需要以光盘或者网络存储方式进行发布。信息发布本身又是一个系统，需要专门开发，如果采用成熟的软件将会大幅缩短数字化后的档案数据的呆滞时间。目前，市场上开展数字化加工的专业 IT 公司已经在信息系统建设、加工流水线、安全保障等方面开展了大量的工作，积累了较为丰富的经验。借助这些 IT 公司的力量来开展馆藏档案数字化是一个省时、省力、省钱且相对安全的高效方式。

3. 保障数字化档案信息的真实性

在馆藏档案数字化过程中，数字化档案信息的真实性、完整性保障主要体现在档案实体的扫描加工和档案目录的数字化两个方面。

（1）扫描加工过程中的真实性保障

馆藏数字化档案信息在其形成、管理和提供利用的过程中，制定保障档案信息真实性的规章制度是非常重要的管理措施，各个阶段的安全保障侧重点不完全相同。

在数字化加工的档案信息形成阶段，加强对数字化加工人员的管理是非常重要的，其中最重要的是不允许将档案带出加工基地。另外，数字化承包商为了保证信誉也需要制定严格的加工基地管理措施，多采用半军事化管理，流程化、自动化、岗位责任制等用以强化管理、反抄袭的管理模式，杜绝档案信息在处理过程人为外泄。在档案信息形成阶段，信息真实性的风险表现为技术上的不成熟因素，如扫描过程信息丢失，图像到文字转换过程中产生错误识别等因素，因此采取较高的技术手段是完全可以保障信息真实性的。由于每个过程、每个岗位都会将数字化后的档案信息与档案原件进行比较，而且参与加工的人员主要从事体力劳动，一般不雇用文化程度较高的人员，他们对档案也不是很了解，甚至无心了解，因此，这个阶段主要是采取先进的技术手段来减少误差，保障档案信息的真实性。

在数字化档案信息的管理和提供利用阶段，这与电子文件归档后进入该阶段的管理相类似，同样利用灾难备份库对新形成的馆藏数字化后的档案信息进行备份，并在管理和提供利用的过程中加强网络安全管理，提高档案馆内部管理人员操作的规范性和管理工作的程序化，制订自动核对计划，确保档案信息的真实性。

（2）数字化档案目录信息的真实性保障

数字化档案目录信息一般都存储在数据库文件中，它的安全性主要取决于数据库管理系统自身的管理能力，它的真实性主要取决于档案管理员"依法管档"的严格程度。这一部分数据是管理人员根据档案原件提取出来的、用来描述档案原件核心内容的元数据信息（也可能是电子文件自动归档过程中通过预先设定的规则自动生成的、描述文件属性的元数据信息），这一部分信息并不像档案原件那样具有凭证性作用，它只是为了方便管理和快速检索而形成的，并且在以后的管理过程中某些信息可能会改变。因此，它的真实性并不像人们对档案原件数字信息的要求那样高，但为了不产生负面影响，要求档案目录信息的著录人员应依据档案管理学理论，按照档案著录的标准和规范严格要求自己，严格保障目录信息的真实性，从而更有效地提高档案的检索和利用效率。

4. 加强数字化档案信息的整合与集成

馆藏档案数字化和电子文件归档后，产生了大量的数字化档案信息，如果只将其刻录于光盘或存储在磁盘中，不提供系统化的档案利用服务，是错误的和无意义的，也不是馆藏档案数字化的真正目的。一些档案馆在开展数字化之前就使用了档案管理信息系统来管理档案的目录信息，并在馆内提供档案目录信息的检索服务，也有一些档案馆在开展数字化的同时也建立起电子文件归档系统，收集电子文件并整理其目录信息，还有些是将馆藏档案数字化作为档案信息化的启动工程。但无论是哪种情况，都需要处理好当前档案馆面临的电子文件归档、馆藏档案数字化和对传统载体档案管理的业务关系，对这三项主要工作形成的数字化档案目录信息和档案内容对象实行同步管理，对于电子档案有纸质备份的或纸质档案有数字化拷贝的，都需要做关联处理，做到同一档案内容的一致性管理。否则，在档案馆分别建立电子文件管理系统、馆藏档案数字化管理系统、纸质档案管理系统，必然会造成系统间数据重复，甚至不一致，从而增加管理的复杂程度。

21 世纪初，我国的各级各类档案馆正处在纸质档案与电子档案并行接收和管理的特殊时期，传统载体档案的目录数字化需要计算机管理，馆藏档案数字化后形成的图像文件需要信息化管理，电子文件归档后形成的电子档案也需要信息化管理。因此，当前档案工作的复杂程度相对较大，需要制定科学的管理制度，梳理管理流程，加强对档案实体和档案数字化信息的集成化管理。只有这样，档案工作的效率才会得到较大程度的提高，档案信息才能得到有效的利用。

5. 保障数字化档案信息的存储安全

数字化档案信息的安全管理是档案信息化应用的前提条件。档案安全管理的重要性是由档案本身和档案管理的性质决定的，档案信息化建设必须充分考虑电子环境、应用系统和档案数据存储等方面的安全问题，正确处理方便、高效使用与安全管理的关系，不能因过分考虑安全而限制了档案信息的网络化传输与使用，这样将大大降低网络化应用系统的使用价值。对于数字化档案的网络化存储系统，一方面要求使用带自动备份功能的专用服务器和数据库管理系统，能够配置备份作业计划并安全执行，如光盘库、磁盘阵列、专用网络存储设备等，对备份信息能够实现数据的迁移和方便恢复；另一方面也应同时使用安全介质备份，定期刻录（复制）备份信息，实行异地保管。

当然，数字档案的安全保障更需要建立健全管理制度和安全操作规范，实行有效的网络安全管理手段和措施，采用严格的授权管理解决方案。从档案内容的安全管理角度来说，应充分考虑以下基本的安全保障原则：

（1）密级区分原则

对保密档案信息实行物理隔离并将责任落实到人。

（2）内外区分原则

将开发档案信息与受控使用的档案信息进行区分。

（3）用户区分原则

将档案形成人员、档案管理人员和公众用户分别设立不同的使用系统和浏览数据的权限。

（4）系统区分原则

将档案馆内部使用的档案管理信息系统、电子文件归档系统、档案信息发布与利用服务、行政规范性文件管理等系统加以区分，严格控制各自的安全操作权限。

6. 提供数字化档案信息的方便利用

馆藏档案数字化的一个根本目的是方便利用，如果将数字化后的图像刻录成光盘存放在库房中，与纸质档案采用同样的管理方式，那么数字化的效果就很难体现出来。只有真正将档案的数字信息放在网络环境中，提供网络化的高效服务，才能确保投资有收益。

第六章 档案馆的数字化建设管理

第一节 档案数据库的建立

一、档案数据库建设的意义

（一）档案数据库建设是档案信息化水平的重要标志

我国档案信息化自 20 世纪 80 年代起步以来，积极致力于档案目录数据库建设，建立了档案目录中心，显著提高了档案管理的效率和质量，方便了档案的查找利用和资源共享，成为档案信息化建设最早、最直接获得的成果，也不断增强了档案工作者对档案信息化的认识和信心。实践证明，档案数据库建设的规模和质量不但是档案信息化的核心任务，而且是衡量档案信息化水平的重要标志。

（二）档案数据库建设是档案信息资源建设的基础

归档文件材料属于一次档案文献，它虽然具有原始性，但是属于无序的、分散的、非结构化的档案信息，难以形成资源优势，不便于集中统一管理和广泛共享利用。档案目录数据库建设的实质是通过对档案内容和形式特征的分析、选择及记录，采用数据库管理技术，将档案著录信息输入计算机系统，形成二次档案文献，即结构化的档案信息。此举可有效提高档案信息的丰裕度、凝聚度、集成度、融合度、共享度、适用度和价值密度，降低其失真、失全、失效和失密的风险，从而形成档案资源体系，提升档案信息化的综合实力。没有高质量的数据库，再好的软硬件系统只能是"空壳"。

（三）档案数据库建设是开发利用档案信息资源的前提

档案信息化的主要目的是将对档案的实体管理转变为对档案信息的管理，也即对档案内容的管理，这是信息技术的优势，也是传统管理最大的难点。建设档案数据库，有利于加快推进档案信息资源的整合和共享，使档案信息真正成为优质资源和共享资源；有利于信息技术和大数据技术应用，促进档案信息的资源体系、服务体系和安全体系建设；有利于最大限度地发挥档案价值，从而为档案信息资源的开发利用创造有利的条件。没有档案数据库，档案信息化就是空中楼阁，流于形式。

二、档案目录数据库建设

（一）档案目录数据库的结构设计

根据著录对象的层次不同，档案目录数据库分为案卷级目录数据库和文件级目录数据库两类。为实现计算机检索，必须将反映档案内容特征和形式特征的案卷级著录信息和文件级著录信息输入计算机数据库，由计算机系统通过专门的数据库管理系统和档案管理软件对其进行采集、加工、整理和检索。数据库管理系统是存储、管理档案目录信息的最佳工具，它按照一定的数据模型，将相互联系的结构化信息以特定的方式组织存储起来，构成数据集合。为此，档案目录数据库的结构设计包括两项内容。

1. 选择档案著录项目

《档案著录规则》规定了档案进行著录的项目和形式。该标准规定的著录项目共分七项，每项分若干著录单元。在列举的 22 个著录小项中，只有正题名、责任者、时间项、分类号、档号、电子文档号、缩微号、主题词或关键词八项为必要项目，其余为选择项目，这意味着不同的档案目录数据库在项目选择上可能存在较大差别。

事实上，《档案著录规则》主要用于规范传统档案目录的著录标引工作，对电子档案目录的检索和网络共享考虑不够充分。因此，目前在构建档案目录数据库时常常增加一些新的著录项目。例如为便于解决数据访问权限的控制问题，增加"主办部门"和"协办部门"项目；为便于调阅数字化的档案全文，增加"全文标识"项目；为解决跨地区、跨层次数据共享，增加"组织机构代码"等。

2. 确定著录项目的数据格式

具体规定每个著录项目的数据类型和字段长度。数据库管理系统所管理的数据对象是结构化的，因此必须事先确定好档案目录数据库各字段的名称、字段类型、代码体系和约束条件等。即文件级档案目录数据库结构示例，只有结构一致、格式规范的目录数据才能集成管理、并库共享。

（二）档案文件的著录标引和著录信息录入

档案文件的著录标引和著录信息录入，是档案目录数据库建立的重要工作和档案信息化的关键环节，意义十分重大，需要给予高度重视。从形式上看"著录"和"录入"是两项工作，而在档案信息系统的操作中往往结合起来，交叉进行，即一面著录标引，一面录入数据。为了提高档案著录、数据录入的速度和质量，须从以下三个方面采取对策：

1. 提高认识，增强操作人员的责任心

档案著录和数据录入工作的重要意义在于：一是大规模、高质量的档案目录数据是实现档案信息化价值的前提。信息行业有一句行话："三分靠硬件，七分靠软件，十二分靠数据。"没有实力强大的数据库，再先进的档案信息系统也只能是空中楼阁，形同虚设。二是数据质量问题会给档案信息系统埋下隐患。信息行业还有一句行话："计算机系统输入的是垃圾，输出的也必然是垃圾，绝不会成为宝贝。"一旦输入了数据垃圾，计算机软硬件技术难以自动消除。档案数据库质量控制有"技防"和"人防"两种，其中人防，即提高人的责任心和操作技能永远是第一位的。因此，要从培养操作人员的素质抓起，落实工作职责和考核办法，实现对档案文件的著录标引和著录信息录入工作的精细化管理。

2. 严格按照国家规范设计数据库结构

档案信息化建设单位应当严格按照《档案著录规则》《档案分类标引规则》《档案主题标引规则》《中国档案分类法》《中国档案主题词表》等国家相关标准规范，结合实际，制定本行业、本专业、本单位标准和规范，为档案数据库建设提供标准支持。要维护标准和规范的权威性，在档案信息系统开发，特别是数据库结构设计时应严格执行相关标准和规范，防止数据库设计的盲目性和随意性，确保档案数据的一致性、准确性和规范性。

3. 采取有效的技术手段提高数据录入的速度和质量

档案文件的著录标引和录入工作十分枯燥，不但效率低，而且容易引起操作疲劳而出错。为此，应在加强"人防"的同时，尽量采用"技防"。事实上，计算机技术的发展已经为提高数据录入的速度和质量准备了丰富的手段。

（1）在数据库建设中控制数据结构定义

为了提高系统的适用性和可扩展性，很多档案信息系统都为用户提供了灵活的数据库自定义功能，然而这项功能如不加以控制就会造成"乱定义"，即定义的随意性。为此，在设计档案信息系统自定义功能时，应当将数据库的表字段设计分为"必选项"和"可选项"。必选项严格按照《档案著录规则》设置，不允许自定义，可选项可在规范引导下进行自定义。

（2）利用计算机智能，自动录入数据

在录入档案数据时，某些档案著录项可以通过计算机自动处理后录入数据，如自动生成档号、序号、部门号、库位号；根据文件级著录的文件页数、文件日期，自动生成案卷级文件页数、起止日期；根据文件的归档类目号，自动生成分类号；根据文件标题或文件内容，自动标引主题词等。自动录入的数据能够避免人为录入差错，大量节约人力，并显著提高录入的速度。

（3）使用代码录入

代码是确保著录信息和档案特征一致的有效手段。如组织机构名称，有全称或简称，简称往往又很不规范，这会造成检索时的混乱，而应用代码，可以做到代码和组织机构的严格对应，检索时就不会出现漏检或误检。因此，档案信息系统应设计简便的代码管理功能，包括代码的维护、录入提示等，确保规范使用代码，又快又好地录入档案著录信息。

三、档案全文数据库建设

档案全文数据库，是存储、组织管理数字化档案信息的数据库系统，既包括档号、题名、责任者、正文、形成时间、密级、保管期限、载体、数量、单位、编号等著录信息，也包括档案的内容信息。档案全文数据库所管理的对象，不仅包括经数字化处理的传统馆（室）藏档案，而且包括以数字化形式直接生成的电子文件（档案），如各类文本、表格、图形、图像、音频、视频、数据库、网页、程序等。应用环境不同，系统软件不一，生成的文件格式也会不同。因此，必须确定电子文件的元数据标准和存储格式，以规范档案全文数据的组织与管理。

（一）档案全文数据库构建的过程

1. 数据的采集

即对加载到全文数据库中的数据进行录入、采集、整理等处理。全文数据的获取方式有以下三种：一是图像扫描（或数码拍摄）录入。该方法形成的图像信息能保持文件的原貌，但占用存储空间大，不能直接进行全文检索和编辑。二是键盘录入。该方法形成的是文本信息，占用存储空间小，存取速度快，支持全文检索，但是输入工作量大，文本的格式和签署信息容易丢失。三是图像识别录入。即对扫描形成的图像进行 OCR 识别，形成文本信息。该方法虽然具有上述两种方法的优点，但是 OCR 识别带有一定的差错率，特别当档案原件字迹材料不佳、中英文混排或带有插图、表格时，差错率较大，而人工纠错成本较高。因此，数据采集要权衡利弊，有选择地使用。

2. 数据预处理

将采集后形成的档案数字化成果转换成规范的格式，进行规范化命名，再进行统一标准的著录与标引。采用自动标引技术的系统，还可以从文本文件中直接提取关键词或主题词，辅助计算机检索。

3. 数据检索

档案全文数据库建成后，可采用全文检索系统提供的功能对数据库进行检索。

4. 数据维护

全文数据库建成后，须经常对数据库的内容进行索引、更新、追加和清理，以保证数据库的实用性和时效性。

（二）档案全文数据库的功能

一是能够获取、存储和使用不同类型、不同格式的档案信息。

二是能够按照确定的数据结构有效组织大量分布式的不同类型、不同格式的电子文件或扫描件，并为之建立有效的检索系统。

三是能够快速、正确地实现跨库访问和检索。

四是能够对全文信息的访问和使用进行许可、控制和监督等授权管理。

五是能够在网上发布全文数据库数据。

六是能够集成支持全文数据库管理的各种技术，如超大规模数据库技术、网络技术、多媒体信息处理技术、分布式处理技术、安全保密技术、可靠性技术、数据仓库与联机分析处理技术、基于内容的分类检索技术、信息抽取技术、自然语言理解技术等。

四、档案多媒体数据库建设

档案多媒体数据库是对文本、图像、图形、声音、视频（及其组合）等媒体数据进行统一管理的数据库系统，它具有良好的交互性，输出的多媒体文件形象直观，图文声情并茂，能真实生动地还原历史记录。因此，档案多媒体数据库属于特色数据库和优质档案信息资源，应列为档案数据库建设的重要内容。

（一）建立档案多媒体数据库的步骤

建立档案多媒体数据库有以下三个步骤：一是收集和采集来自各种档案信息源的多媒体信息。如果来源是数字化多媒体信息，即多媒体电子文件，则归档处理后直接进入档案多媒体管理系统的存储设备中；如果来源是模拟多媒体信息，如模拟录音、录像，则采用音频或影像采集设备，将其转换成数字化的多媒体档案后输入档案多媒体数据库。二是按照多媒体档案的整理规则，对多媒体电子文件进行整理，形成档案多媒体目录数据库。三是将整理后的多媒体档案挂接到档案多媒体目录数据库中。

（二）多媒体档案与档案多媒体目录数据库的挂接方法

鉴于多媒体档案占据容量大，对档案数据库运行效率影响也大，因此，需要慎重选择多媒体档案与档案目录数据库的挂接方法。挂接的方法一般有基于文件方法和二进制域方法两种。

1. 基于文件方法（又称"链接法"）

这种方法是将独立存储于计算机载体中的多媒体档案的名字与位置（即路径）存入（即链接于）档案多媒体目录数据库相应的记录中，而不是真正将档案存储在目录数据库中。当数据库管理系统访问多媒体档案时，根据目录数据库中记录的多媒体档案名称和路径，访问多媒体档案。这种方法的优点是尽管多媒体档案容量大，但是不会给目录数据库增加负担而影响目录数据库的运行效率；缺点是多媒体档案与目录数据库的关系不够紧密，容易因系统或数据的迁移而断链，造成通过目录找不到对应多媒体档案的故障。

2. 二进制域方法（又称"嵌入法"）

这种方法是把多媒体档案实实在在地存放于（即嵌入）目录数据库中的 BLOB 字段（即二进制域）中，该字段能存储大文件，因此又称"大字段"。该字段有如下两种：一种是 Memo（备注）字段，它可以存储大文本文件，容量相对较小；另一种是 OLE（对象嵌入）字段，可以存储大二进制文件，如多媒体档案等。ORACLE 数据库的一个 BLOB 字段可存储不大于 4G 的多媒体文件。这种方法的优点是多媒体文件与目录数据库的关系相当紧密，不会断链；缺点是大容量的多媒体文件会增加目录数据库的负担，影响其运行效率。因此，在使用二进制域方法时，需要采用一些技术手段来弥补其缺陷。

第二节　数字档案馆的建设

一、数字档案馆的规划与建设

（一）数字档案馆的定位与内涵

数字档案馆建设是一项全新的事业，从提出数字档案馆的设想，到理论和概念的探讨，再到在部分省市档案馆试点实施，不过三四年时间；数字档案馆建设又是一个复杂的系统工程，投入多、难度大、周期长。必须准确把握数字档案馆的定位和内涵，才能少走弯路，减少浪费。

（二）数字档案馆与数字图书馆的比较

数字档案馆建设与数字图书馆建设密切相关，不仅因为最早国内外提出建设数字档案馆的概念是受数字图书馆的启发，或者是作为数字图书馆项目的一个组成部分，而且是因为档案和图书作为信息资源的主要来源，在信息时代，它们的管理方法和手段存在许多共性，在一段时期内还研究探讨过档案、图书、情报一体化管理的趋势。数字档案馆在提出之初和数字图书馆建设目标比较一致，随着社会信息化发展对档案事业影响增大，数字档案馆发展的方向已经发生了质的变化，从以馆藏档案数字化为主要建设目标，到能接收归档电子文件并有效管理，保证其真实性、完整性和长期可读性。数字图书馆建设同样也在不断深入和发展，最初，对数字图书馆概念和建设目标的认识也是将现有图书资料数字化，作为一个海量的数字资源库在互联网上运行，一个国家只须建立一个庞大的数据库，数字图书馆的建设目标是整合互联网资源，变无序为有序。但是现在数字图书馆界普遍倾向于将数字图书馆建设成一个个相对独立的管理系统。数字图书馆是一个复杂的分布式海量数据管理系统，它利用当今先进的多媒体和网络技术，将分散于不同地理位置的不同载体形式的信息资源以数字化形式储存，形成有组织的数据库和知识库，对外提供高性能的检索服务，实现资源共享。如同传统档案馆与图书馆存在相同之处和不同之处一样，数字档案馆与数字图书馆的建设内容和运行方式等同样有共性和不同之处。

1. 关联性

档案和图书都是信息社会重要的数字资源，数字档案馆和数字图书馆的基础和管理对象都是数字化的信息资源。在建设数字档案馆的过程中，数字档案一方面来源于接收立档单位的归档电子文件；另一方面就是对现有馆藏档案中珍贵的、利用频率高的、易受损的档案进行数字化转换。数字图书的来源也有两方面，就是新接收进馆的电子图书和将馆藏的珍本、善本等图书转换成电子形式。

数字档案馆和数字图书馆本质上都是一个复杂的数据管理系统，是一个大型的数据库，都具有接收、整理、储存、检索、提供利用等基本功能。

2. 差异性

第一，数字档案和数字图书的数据类型存在显著差异，数字档案类型众多，有文本、图像、各种类型数据库、CAD、电子邮件、音像、多媒体等，而数字图书一般只有文本（占绝大部分）、图像、多媒体等少数几种类型。这样一来，数字档案馆的管理系统就会比数字图书馆管理系统复杂得多。第二，和传统档案馆、图书馆保存的档案、图书一样，档案存在地区差异，具有唯一性，而图书中善本、孤本则很少，馆藏基本类似。这一点可以说，除了国家图书馆和部分科技图书馆外，建设数字图书馆过程中的数字化工作任务非常轻，只须购买已有的数字图书资源就行。而档案馆的数字化任务则非常重，而且数字化后，主要以图像数据格式保存，这样中小型数字档案馆存储所需的空间也很大。第三，数字档案馆和数字图书馆的管理方式存在差异。由于档案和图书面向社会的政策和需求不同，因而数字档案馆的管理相对封闭，一般采取"三网一库"的建设模式，"三网"采取物理隔离的方式。数字图书馆则完全开放，直接与国际互联网挂接。第四，安全性要求不同。数字档案馆不仅要防病毒、防黑客，而且要采取异地备份、镜像备份等措施，防自然灾害、突发事件可能对数字档案馆造成的损害。第五，数字档案馆在保证馆藏数字档案的真实性、完整性、长期可读性、法律凭证作用等方面也有特殊的要求。

（三）数字档案馆的定位

目前关于数字档案馆的定义，认识各有千秋，还没有完全统一。从有利于数字档案馆的实际建设，有利于建设的可行性论证、投资预算、功能设计等方面考虑，数字档案馆是适应信息社会发展需要，充分运用计算机和网络等信息技术手段，能够对数字（或电子）档案实施有效控制和科学管理的档案馆。关于数字档案馆的定位可以从两个层面来认识。

1. 数字档案馆仍然是档案馆

数字档案馆仍然是档案馆，其对馆藏档案的管理功能没有改变，同样具有收集、整理、鉴定、保管、利用、统计、编研等功能，只不过采用的技术方法、管理手段、管理对象等有了较大的变化。

当前数字档案馆的规划、投入、建设，都是由地方单独完成的，与传统档案馆的建设模式并没有差别，而且这种状况在短期内是不会改变的。

2. 数字档案馆是信息时代的产物

数字档案馆的规划和建设是信息技术对档案事业发展影响和要求的必然结果。数字档案馆建设过程中要充分运用先进的计算机和网络等信息技术，配置先进的软硬件设备，研制高性能的信息管理系统；数字档案馆要解决信息技术发展和应用给档案管理带来的复杂问题，要保证归档电子文件的真实、完整、长期可读。

数字档案馆是电子政务、电子商务、单位办公自动化的一个必需的组成部分，是信息社会中档案管理新模式的集中体现，代表 21 世纪档案馆工作的发展方向。

（四）数字档案馆的发展

1. 形式的发展

近期内数字档案馆建设将主要表现为一个个相对独立的局域网系统，地区相连乃至全国互联互通是不现实的。但随着档案开放程度不断加大，社会公众档案意识和需求不断增强，网络安全性不断提高，数字档案馆将向网络化、公众化方向发展。

2. 技术的发展

信息技术的飞速发展对数字档案馆建设将是一把双刃剑，一方面能解决数字档案馆建设中遇到的许多技术难题，如格式转换、海量存储、智能检索等；另一方面也会使数字档案的种类更多，管理更加复杂。

3. 管理的发展

由于国内数字档案馆建设完成并真正投入运行的还比较少，对数字档案馆管理模式的认识会不断发展。如管理体制问题，数字档案馆内部机构如何设置才能保证其有效运转和档案的安全保密；数字档案馆的人才问题，数字档案馆需要高素质的技术型、管理型、复合型人才，以及如何培养和留住人才等。

二、数字档案馆的规划与设计

（一）与地方或部门信息化建设同步发展

数字档案馆的规划和建设必须与地方或部门信息化建设同步发展。档案工作是一项服务性很强的工作，档案信息化建设如果滞后于地方或部门的相关信息化工作，将影响整体信息化建设，同样，档案信息化建设也没有必要超前发展。数字档案馆建设是档案信息化建设中综合性强、难度大的工作，必须在地方或部门信息化发展到一定阶段，才能有建设数字档案馆的需求，才能启动这项工作，如果时机选择不恰当，档案工作将非常被动或造成极大的浪费。

（二）硬件配置

硬件配置应根据数字档案馆建设的需要先进行预算，再根据建设的进展和需要分期购置，在建设工期比较长的情况下，不能把所有的硬件设备都一次配备到位，因为计算机设备更新换代非常快，先行购置而闲置不用，将会造成极大的浪费。

数字档案馆硬件主要包括终端设备（微机）、处理设备（服务器）、存储设备（磁盘阵列、大容量硬盘、光盘等）、网络设备（交换机、路由器、网卡、网线等）、数字化设备（各种扫描仪、数码摄像机等）、其他（如打印机、刻录机、视频音频信息采集编辑设备等）。

（三）网络设计

网络及其相关计算机设备是数字档案馆运行的基础，和传统档案馆的库房、装具等设施类似，在数字档案馆的总体规划设计和硬件投入中，有相当大的比重。从便于管理和安全等方面考虑，数字档案馆的网络设计宜采取"三网一库"的形式。"三网"分别是档案馆局域网、地方（或部门）政务网和公众网（国际互联网），"一库"是保存档案资源的大型数据库。档案局域网是数字档案馆的核心网，负责数字档案馆档案的导入、存储、管理、检索、利用等，在数字档案馆建设初期，档案馆馆局域网的网络功能并不需要非常强大，重点是单机功能，能保证档案的有效管理和运行。地方（或部门）政务网是档案馆和地方政府以及各立档单位链接和联系的纽带，应具备档案的接收、利用查询、档案局馆的电子政务办公等功能，该网络的硬件设施由地方政府或有关行业主管部门负责投资和建设，而软件功能的设计和运行则由档案局馆负责，政务网是各级档案局馆通过网络行使档案管理职能的主要渠道。公众网是数字档案馆与社会公众联系和沟通的桥梁，通过档案网站等形式开展档案利用服务、宣传档案工作，也可以通过公众网捕获重要数字信息资源，作为资料丰富数字档案馆馆藏。为保证数字档案馆运行中的安全保密，三网应物理隔离。

（四）数字档案馆功能设计

数字档案馆的功能设计在数字档案馆建设中占有非常重要的地位，可以说，数字档案馆建设成功与否，建成后运行是否达到要求，主要取决于其功能设计是否科学可行。数字档案馆的硬件设施不需要一步到位，可以根据需要和经费投入情况逐步配置。而数字档案馆的功能设计一旦确定，将在相当长的时间内决定数字档案馆的运行质量，而且轻易是不能改变的。功能设计是数字档案馆建设的灵魂。

数字档案馆的功能设计须把握以下原则：第一，系统性要强、整体性要好。数字档案馆要实现的功能很多，包含许多子系统，应正确划分各子系统，确定各子系统之间的界限和相互联系。由于部分子系统是分阶段实施的，还应注意它们之间的衔接关系。数字档案馆的功能设计应采用系统工程的原理与方法。第二，灵活性要强、开放性要好。由于信息技术的飞速发展，数字档案馆建设过程中和运行后，数字档案的种类和数量以及管理技术方法都在不断变化，这就要求数字档案馆的功能设计能够适应可能发生的变化，系统应具备兼容性强、开放性好的特点。第三，正确处理先进与实用的关系。数字档案馆的功能实现需要采用先进的技术手段，但并不是越先进越好，应尽量采用成熟稳定的技术方法，多在功能设计上下功夫。

数字档案馆应具备传统档案馆的"收、管、用"三大基本功能和系统维护功能。

1. 档案接收

数字档案馆负责各类数字档案的接收、采集，主要包括三个方面内容：归档电子文件的接收、传统档案数字化、公众网数字信息采集。

归档电子文件的接收是数字档案馆接收功能中最重要的，也是实现技术难度最大的一项基本功能。要实现该项功能，除了采用先进的技术手段外，还需要提前对本地区、本部门目前已经形成的归档电子文件和将要形成的归档电子文件的种类、管理方式等有一个全面、系统的调查了解，才能为程序设计人员提供科学的、详细的接收要求。归档电子文件的接收应尽可能采用"打包"的方式，电子文件元数据同时接收，以保证归档电子文件真实、完整。

传统档案数字化功能的实现，目前技术上已成熟可靠，主要是解决资金、人员问题。档案数字化的设备投入应视现实需要来安排，摊子不宜铺得太大，中小型数字档案馆建设不一定要完全靠自身开展数字化工作，可以依靠大型档案馆的设备、技术、人员来进行数字化加工。

公众网数字信息的采集也是一项重要的功能，通过网络在线采集现有的各种信息资源库如国土信息资源、人口统计信息资源，采集各网站的网页、历史照片、重要新闻报道、统计数据、重大历史事件的声像资源等信息，作为数字档案馆馆藏资料保存。

2. 档案管理

档案管理功能主要负责对接收的各种类型数字档案进行整理、分类、管理，使大量无序的信息有序化。主要包括数字档案标准化、元数据著录、多媒体档案标引、目录管理、档案鉴定、档案迁移、报表打印、信息统计等。

数字档案标准化是对接收来的符合或通过转换使其符合一定规范如电子文件元数据标准、数据交换标准、文件的语言格式、数据交换的物理存储介质标准和数据交换的逻辑格式标准，其数字信息及其元数据，根据采集时所带的目录信息，采取一定的分类方案，将这些数据有序地存储到系统中。

元数据著录是对采集来的数字档案信息进行内容、结构、背景信息等相应项目的元数据进行检查和缺项补著录，建立元数据库。

目录管理是档案管理功能的核心，对数字档案的管理实际上都是通过目录管理来实现的，通过目录挂接原文信息，来实现对整个数字档案资源的有序管理。

档案鉴定是对数字档案进行批量的内容鉴定和技术鉴定。是计算机辅助人工完成鉴定的部分工作。内容鉴定是根据档案开发所必须具备的条件，档案价值判定、保管期限划分的标准，档案真伪鉴别的主要依据等要素，同档案文件的来源、类别、责任人、形成时间、存储介质等众多信息相结合，制定鉴定规则，利用计算机的智能技术，建立起专家智能鉴定系统，进行档案信息的批量辅助鉴定。在此基础上再由专家对辅助鉴定的档案信息进行直接鉴定，予以确认。技术鉴定是对电子文件各方面的技术状况进行全面检查，包括文件信息真实性、完整性、可读性分析以及对文件载体状况的检测。

档案迁移是数字档案管理的一项特殊要求，是为了解决数字档案长期保存和外部软硬件环境变化而采取的一项技术手段，目的是使数字档案能与外部软硬件环境相适应，从而保持数字档案的长期可读。主要包括档案信息资源变更登记、资源变更受理、迁出、迁入等功能。

3. 档案利用

档案利用是通过网络向用户提供利用服务，可以使具备上网条件的用户在任何地点、时间得到权限许可的档案信息，真正实现数字档案信息资源的共享。功能主要包括档案信息开发、综合智能查询、网站信息发布、光盘发布等。档案信息开发是进行档案信息的编研规范化和素材编辑。综合智能查询是可提供馆藏数字档案的文档、图形图像、语音资源、视频资源的查询阅览及虚拟演播等服务。网站信息发布能够将馆藏数字档案相关信息通过互联网进行发布，提供对外服务。光盘发布是通过光盘刻录等形式提供利用。

4. 系统维护

系统维护主要从保证数字档案馆系统安全运行方面考虑，从物理安全、信息资源安全和安全保密管理等几个方面着手：①数据转移、备份恢复。数字档案馆采用三网物理隔离的方式保证系统安全，因而无法直接进行网络连接，产生了信息隔膜，需要通过系统的导入/导出功能进行数据转移；数字档案馆的重要设备、系统软件、所有数字档案数据等都需要备份，服务器宜采用镜像备份，档案数据应采用光盘等载体进行异地备份。软件备份利用关系数据库自身提供的功能对元数据和存储文件的对象数据库进行备份恢复。②病毒防范。采用先进的防病毒软件适时对服务器和客户端查毒、杀毒，随时进行软件升级，并建立严格的防病毒管理制度。③身份鉴别、访问控制。身份鉴别和访问控制主要通过设置口令、密钥，安装智能卡，通过指纹、声音、视网膜等完成。凡是进行系统执行操作、档案网上移交、档案信息检索利用等都要进行身份鉴别和访问控制。④信息加密和完整性校验。信息加密主要指信息传输加密，防止移交/接收档案时，发生窃听、泄漏、篡改或破坏等情况，加密方式通常有链路加密、网络层加密、应用层加密等。数字档案馆的信息存储一般不宜采取加密措施，防止因加密本身对档案的真实、完整造成损害，应尽量采用其他方式来保证档案的安全。信息完整性校验是采取适当技术手段如数字水印技术等防止档案被非法篡改、插入和删除。

三、数字档案馆关键技术

数字档案馆建设是一项综合性强、技术应用复杂、建设周期长的系统工程，其中需要运用许多先进的计算机编程技术、网络技术、安全技术等。这里简要介绍几种关键技术。

（一）XML 技术

XML（Extensible Markup Language）叫作可扩展置标语言，在数字档案馆的数据管理中占有重要位置，用这种语言来组织管理数据，能够实现通用、开放、生命周期长等目标。

1. XML 的基本概念

XML 本身不是一个单纯的置标语言，它是一种元语言（meta language），可以被用来定义任何一种新的置标语言。XML 可以用来创造新类别文件的格式定义，也就是在 XML 之中能够创造出很多不同的置标语言，用来定义各种不同的文件类别。

2. XML 的特点

（1）开放可延伸

XML 对于目前几乎所有的软件、硬件都是开放的，并且是一种可扩展和延伸的语言，根据需要，可以建立新的置标。

（2）内容与显示分离

XML 是用来描述内容而非描述外观。用 XML 语言来表示一个文件或一个网站，可以在不改变文件或网站内容的情况下来改变其外观。

（3）可以内嵌多种类型信息

XML 文件可以包含从多媒体信息到各种数据库、程序文件等多种信息类型，这种特点对于接收多种类型归档电子文件至关重要。

3. XML 技术在档案管理系统中的应用

可以解决数字档案浏览、阅读和存储对原有软件、硬件的依赖性，可以简化档案管理系统与其他应用系统接口的复杂性，可以保持归档电子文件保存格式的多样性，可以基本解决数字档案的真实、完整和长期可读等。

数字档案管理系统本质上是一个数据库管理系统，数据仓库技术是数据库技术的发展，是一种智能化的数据库。

（1）数据仓库的基本概念

数据仓库概念起源于 20 世纪 80 年代中期，是在系统管理和决策中面向主题的、集成的、与时间相关的、不可修改的数据集合。数据仓库没有成熟的基本模式，实际上是一种应用解决方案。

（2）数据仓库的关键技术

①数据的抽取

数据的抽取是数据进入仓库的入口，由于数据仓库是一个独立的数据环境，它需要通过抽取过程将数据从联机事物处理系统、外部数据源、脱机的数据存储介质中导入数据仓库中。数据抽取在技术上主要涉及互联、复制、增量、转换、调度和监控等方面。

②数据的存储和管理

这是数据仓库的关键。数据仓库的组织管理方式决定了它有别于传统数据库，同时也决定了其对外部数据的表现形式。要决定采用什么产品和技术来建立数据仓库的核心，则需要从数据仓库的技术特点着手分析。

③数据的表现

数据表现实际上相当于数据仓库的门面，其性能主要集中在多维分析、数理统计和数据挖掘方面。

（3）数据仓库的体系结构

为了能够将已有的数据源提取出来，并组织成可用于决策分析所需综合数据的形式，一个数据仓库的基本体系结构有以下五个基本组成部分：

①数据源

指为数据仓库提供最底层数据的运作数据库系统及外部数据。

②监视器

负责感知数据源发生的变化，并按数据仓库的需求提取数据。

③集成器

将从运作数据库中提取的数据经过转换、计算、综合等操作，集成到数据仓库中。

④数据仓库

存储已经按档案管理要求转换的数据，供分析处理用。根据不同的分析要求，数据按不同的综合程度存储。数据仓库中还应存储元数据，其中记录了数据的结构和数据仓库的任何变化，以支持数据仓库的开发和使用。

⑤应用

供用户对数据仓库中的数据进行访问查询，并以直观的方式表示分析结果的工具。

（4）数据仓库在档案管理系统中的应用

数据仓库是一个设计思路、一个解决方案，而不是一个可以买到的产品。不同的档案管理系统会有不同的数据仓库。在许多情况下，档案管理人员往往不懂如何利用数据仓库，不能发挥其决策支持的作用，而计算机编程人员又对档案管理业务不是很熟悉，不知道建立哪些决策主题，从数据源中抽取哪些数据，因此，在具体应用数据仓库技术时需要计算机人员和档案管理专家互相沟通，协商开发数据仓库。

（二）VPN 技术

数字档案馆的投入和建设是由一个个独立的档案馆完成的，为了适应社会信息化对档案事业发展的要求，为了使数字档案资源能够社会共享，数字档案馆之间的互相联通是数字档案馆建设的一个发展方向。从安全角度来考虑，似乎应该为数字档案馆建设一个专用网，但是从现实出发，数字档案馆建专网既不可能，也没有必要。VPN 技术可以解决数字档案馆的馆际互联问题。

1. VPN 技术的基本概念

VPN 又叫虚拟专用网，是一个被加密或封装通信过程，该过程把数据安全地由一端传到另一端，数据的安全由可靠的加密技术来保障，而数据是在一个开放的、没有安全保障的、经过路由传送的网络上传输的。VPN 是利用公众网来构建专用网络，其核心是被称为"隧道"的技术，它是通过特殊设计的硬件和软件直接通过共享的 IP 网所建立的隧道来完成的。

2. VPN 技术的特点

（1）费用低

和建设或者租用专用网相比，使用公众网的费用非常低，可以节省购买和维护通信设备的费用。

（2）安全性有保证

VPN 通过使用点到点协议（PPP）用户身份验证的方法进行验证，并且采用微软点对点加密算法（MPPE）和网际协议安全（IPSec）机制对数据进行加密。对于敏感数据，还可以使用 VPN 将服务器中的高度敏感数据进行物理隔离，只有内网上拥有相应权限的用户才能通过远程访问建立连接关系，而获取该敏感数据。

（3）使用方便

使用时间、传输速度完全可以由使用者自己决定。

四、数字档案馆建设合作者的选择

数字档案馆建设的技术含量非常高，特别是以应用计算机、网络、信息安全等信息技术为主要特征。显然，仅仅依靠档案部门本身的技术力量是很难完成的，必然要选择优秀的、了解自身情况的 IT 厂商作为合作者来共同对数字档案馆进行规划和建设并安全运行。

选择合适的合作者非常重要，这不仅影响到数字档案馆的规划、建设的水平和质量，而且关系到建成后数字档案馆的安全运行和系统的售后服务、软件版本升级等一系列问题。现在从事档案管理软件开发和系统集成的 IT 厂商很多，要选择真正适合自己的厂商，不仅要关注厂商的名气、规模、技术人员数量等，还要结合数字档案馆建设的特点，从以下五个方面加以分析、综合考虑：

（一）对数字档案馆的关注程度

数字档案馆不仅对档案部门来说是新生事物，对 IT 厂商来说更是一个全新的领域。新的客户、新的需求、新的开发服务手段都需要厂商投入大量的资源和精力，不断地研究和总结经验。所以数字档案馆建设在厂商业务中的比重，厂商上下对数字档案馆建设的重视程度，是选择数字档案馆合作者优先需要考虑的。

（二）对档案管理的认识程度

数字档案馆建设成功的主要标志是能够真正被使用，能够对数字档案进行有效的科学管理，即有很强的实用性，而不看数字档案馆应用的技术手段有多么先进。如果在数字档案馆的规划和建设中能形成一个稳定而成熟的数字档案管理体系，即使将来因技术、设备等原因不得不升级，但整个系统仍能迅速转向新的技术体系，数字档案管理体系的构建是数字档案馆能否成功实施的关键。而合作者对档案管理特别是数字档案管理的认知程度又是能否构筑完善的管理体系的基础。数字档案馆的作用、职能，档案馆的运行方式、工作人员的行为模式等都有一定的特点，管理体系应该紧密结合这些特点来建设。因此，一个厂商是否对档案部门有研究，是否了解档案管理模式，先期是否对数字档案馆的规划和建设做了相应的研究和投入，是否有相关的建设经验如档案馆目录管理系统建设、数字图书馆建设等，这些是能否帮助建立数字档案管理体系的关键。

（三）技术力量

数字档案馆系统对技术的先进性、复杂性，运行的安全性、可靠性等要求很高，数字档案馆的合作者必须具备相应的技术手段，如关键算法和重要接口的开发，同时要有成熟的技术路线，保证数字档案馆系统实施的可靠性。

（四）集成能力

数字档案馆所涉及的技术范围非常广泛，例如信息的管理，数据的接收、存储和管理，多媒体技术，安全保障技术等。可以说，没有哪一个厂商能够精通所有相关技术，每一个厂商往往是在某一方面有自己的特点和专长。但如果数字档案馆项目分成许多不同方面交给不同的厂商来建设，最终会形成一个个独立体系的应用信息孤岛，无法构成完整的体系。作为数字档案馆建设的合作者，应该有较强的软件集成能力，能够利用信息整合技术将不同的应用集成在一起，形成有机的整体。

（五）服务能力

合作者要有一定的前瞻性，不仅是技术实现手段上的前瞻性，更重要的是在分析研究现有档案管理情况的基础上，对数字档案管理的机制和方法的变化有一定的预见性，能够为档案部门的改革提供咨询和帮助。在这样基础上建设的数字档案馆系统才是不断拓展的和有活力的。有一些数字档案馆的建设需要合作的厂商帮助档案部门提出建设的总体思路和技术方案等。

作为软件应用系统，后期服务的重要性将越来越突出。数字档案馆系统本身不是一个静态的产品，要随着数字档案的不断增加、社会对数字档案利用需求的不断增加而发展变化。所以数字档案馆对后期服务将是动态的和连续的。这就要求合作者有能力响应这种动态的连续服务要求，有能力使数字档案馆系统随着社会的发展而不断进步。

五、数字档案安全性保障

（一）数字档案安全保障的基本思路和方法

1. 建立技术保障体系，提高网络与系统的安全性

（1）保障网络安全

启用入侵检测和访问控制的联动服务。网络安全主要包含两层含义：一是基础设施、网络与计算机设备等硬件设备的无故障运行，其安全性关键在于要购买

优质的硬件设备并在运行过程中加强管理和维护，确保科学使用，这一点只能靠机构中的人和制度来保障；二是保障合法用户的正常使用，确保网络上信息资源不被非法用户盗窃、更改。防火墙和入侵检测技术是常用的保障网络安全的两种手段，入侵检测技术侧重于监测、监控和预警，而防火墙则在内外网之间的访问控制领域具有明显的优势。如今，面对网络攻击手段复杂度的不断提高及融合能力的逐渐加强，在网络层采取安全技术的集成化应用和安全产品的联动启用措施，全面提高网络的综合防范能力，已经成为人们保护全网安全的重要举措。

（2）保障系统安全

加强升级服务，做到无漏洞运行。几乎所有的操作系统及其提供的应用与服务均已发现有安全漏洞，并且越流行的，其安全问题越多。目前各操作系统的开发商已经开设了专业通道，提供升级服务的补丁程序下载、安装和检测服务，而且大多是免费的。因此，能否做到系统的无漏洞运行，关键在于人们是否使用正版软件，增强安全意识，并做到及时升级、及时打补丁。对操作系统的安全，除了不断地增加安全补丁外，还需要时常检查系统的各项设置，如敏感数据的存放方式、访问控制机制、密码更新的频度等基础性策略，并充分利用操作系统提供的强大功能，首先建立基于本机操作系统的安全防御与监控系统，保障各客户端的无漏洞运行。

（3）保障档案信息系统的安全

采取防偷窃及基于生物识别的强身份认证措施。档案管理信息系统是特定的应用程序，它的安全主要取决于：是不是合法的用户在合法的权限范围内执行了合法的操作，做好系统用户的安全管理，不给偷窃者以机会。目前，保障合法用户的做法是采取强身份认证、加密和防密码偷窃等技术，如指纹识别、虹膜认证等，都是确保用户身份的高安全性技术措施，生物识别技术已经广泛应用于硬盘加密、数据加密、身份验证等环节。而对于合法用户越权操作与非法操作的情况，则应加强内部安全管理制度和措施的有效性实施与落实。

（4）保障档案数据的安全

实行隔离、加密、灾难备份等措施。

安全管理的最终目的就是保障网络上传输的、系统中存储的、用户访问的档案数据和信息是真实、完整和有效的，并保障系统操作者能够方便地访问自身权限范围内的数据，杜绝无权用户进入系统。因此，数据加密、硬盘加密、文件系统加密、增加系统存储的复杂性等都成为保障数据安全的有效措施。对于保密和绝密的数据应采取物理隔离，不允许上网操作，而异地备份则是避免地震、火灾等的重要防范措施，更是确保档案信息安全必不可少的重要备份措施，任何档案保管机构都应建立灾难备份系统。

（5）病毒防范

建立网络化的病毒防范体系，实现病毒库的同步升级。几乎有网络和计算机存在的地方，都会有病毒。谈毒色变的主要原因是不了解病毒的工作原理，病毒泛滥的主要原因是病毒库不及时升级。因此，每台计算机上都应安装防病毒软件系统，并及时更新病毒库。而对网络环境下的一个组织而言，病毒杀不尽的原因则是网络上至少有一台机器有病毒，并在网上扩散传播，因此，购买网络版的防病毒软件，建立网络化的病毒防范体系，实现病毒库的统一管理，同步升级，是防范病毒侵害数字化档案信息的有效措施之一。同时，加强对病毒知识的学习，提高机构中每位员工的主动防范意识和警惕性也是非常重要的保障措施。

然而，各种技术保障措施固然可以为网络、计算机、存储设备、系统服务、应用程序等软硬件系统建立"硬件"防护体系，但要使它们真正起作用，还需要管理制度这样的"软件"防护体系与之协同工作，其中，人是最关键的因素之一。正像木桶原理所阐述的道理一样，网络及信息的整体安全取决于包括操作人员在内的整个网络系统环境中安全性最薄弱的环节，也就是说，如果网络中有一个人不按规范操作，有一台机器留有漏洞，有一个应用程序感染病毒，有一个端口留，有后门，都有可能造成整个网络的彻底瘫痪。因此，需要建立健全的安全管理制度和一体化的管理方案，并将措施落实到组织中的每个人、每件设备、每台机器、每个应用、每个服务，才能确保网络、系统和数据的安全。

2. 建立制度保障体系，实现档案安全管理的程序化

（1）网络、机房、服务器管理规范

主要包括制定保障网络线路、通信设备、交换机、服务器、主机房内和网络的管理规范，支持档案管理机构内部档案信息系统运行的网络基础设施的防火防盗管理制度，以及保障该机构局域网内部用户访问内部档案信息资源和访问互联网的操作规范。制定本项操作规范的依据是业务部门的实际需求，制定规范的决

策者是 CIO，执行者是 NA 和 SA 两个重要的角色。任何用户只是按照被分配的权限进行操作，不能越位执行。

（2）数字档案信息安全存储管理规范

根据档案信息的安全级别和保密程度的不同，需要分门别类地制定不同的管理规范，确定不同的存储方案。密级档案信息应实行物理隔离，专人操作，必要情况下对硬盘采取强安全加密措施。内部处理的档案业务数据在开展网络化共享与维护的过程中，严格区分用户的访问权限，对外开放的数据重点制定防范数据被篡改的策略和方法。制定本项操作规范的依据是档案法及机构规定的档案管理制度。

（3）个人 PC 和客户端的安全操作规范

客户端的安全操作规范主要是指客户端的上网制度、客户端的安全配置规范、客户端应用系统的安装、运行和维护方法、客户端及个人用户在使用档案管理信息系统时的操作规范等方面的要求，这将涉及组织中每一位员工，任何人都不能轻视。制定该项制度的依据是整个档案业务管理机构全网安全和信息安全的总体要求。

（4）数字档案应用系统的安全操作规范

电子文件归档系统、馆藏档案数字化系统、档案信息发布与提供利用的网站系统等应用程序是我们访问数字档案信息的重要工具。建立有效的操作规范，确定科学的数据转换与图像处理的技术参数，采取数据加密措施，实施严格的权限管理制度，是制定应用系统安全管理的重要内容。该项制度一旦确定，重要的是需要做到持久执行，并在执行的过程中逐步完善。

3. 建立组织保障体系，促进安全保障的有效性

目前，在我国档案行业，确保网络和档案信息安全的组织保障体系（以下简称"信息管理组织体系"）与行政管理和实际业务管理过程中的组织体系（以下简称"业务管理组织体系"）往往是不同的，其主要区别在于：信息管理组织体系中的成员几乎不参与决策，更无权支配和调配信息化项目的资金和团队成员，日常工作中扮演的几乎都是"救火队"的角色。主要原因是业务管理和信息化应用没有真正融为一体，两者之间隔着观念和认识上的鸿沟。事实上，理想的管理模式是二者合一，要求机构的领导是既懂业务又熟悉信息化应用的现代化

管理人才，要求档案业务工作者也是掌握多项技能的复合型人才，要求机构中的每位员工把信息化和档案业务作为同等重要的基础性工作来开展。

信息管理组织体系中有三个重要角色，一是主持信息化建设和应用实施的项目负责人，信息资源管理的决策者——CIO（Chief Information Officer）。二是确保网络安全运行的网络管理员——NA（Network Administrator）。三是确保系统和数据安全的系统管理员——Sa（System Administrator）。NA、SA 和 CIO 是整个信息安全保障体系建设的决策成员，而借助网络、计算机开展工作的业务人员则是信息系统中的用户，用户的上网和访问系统与数据的权限是由 NA 和 SA 根据档案管理业务的实际需要和网络安全管理的制度进行分配的，不经允许是不能越权操作的。

信息管理组织体系中一个重要的管理理念是任何角色都不能越位操作，即便是 CIO、SA 或 NA 也不能不顾制度约束而随意更改业务数据。制定系统内每个用户操作权限的依据必须是业务组织体系中岗位职能的正确、合理和有效的对应与体现。

4. 建立安全监控体系，落实安全保障的有效性

档案信息安全运行的法规、制度、标准与规范将随着信息系统的建设和运行逐渐得到发展和完善，但档案信息系统和档案信息是否能够真正获得安全保障，关键还在于这些安全法规和标准制度是否能够得到有效的执行和应用。因此，在健全网络安全法律法规的同时，还应加大执法力度，加大运行管理与监督控制的力度，为网络与系统的安全运行提供法律保障和运行保障的长效机制。这一目标的实现不仅需要档案管理部门及所有人员付出努力，更需要国家立法机构的支持，还需要建设、使用和维护档案管理信息系统安全运行的所有参与者不断加强安全意识，执行安全制度，随需求改变和完善安全管理策略确保系统运行和档案信息存储的持续安全。

安全审计、安全监控等都是网络与系统安全运行的监控手段和方法。安全审计和监控的对象主要是网络、服务器和计算机系统的环境安全、实体安全、机房设备的防电磁泄漏、软件安全技术、软件加密技术、操作系统的安全管理、数据库的安全与加密、数据传输的安全与加密、局域网安全控制、计算机病毒的诊断与消除、系统的运行安全以及整个系统的安全解决方案和安全评估等，都将纳入安全审计和安全监控的范围。

　　安全监控的具体措施包括以下内容：各级保密工作部门和机构负责本地区、本部门网上信息的保密检查，发现问题，及时处理；涉密信息网络必须与公共信息网实行物理隔离；在与公共信息网相连的信息设备上不得存储、处理和传递国家秘密信息；加强对上网人员的监督与管理，明确责任，确保在公共信息网上不发生泄露国家秘密的事件。

　　随着信息安全的专业化发展和复杂程度的提高，保障信息安全的技术与方法难度也在逐渐加大，同时，由于信息安全是个动态的、发展的过程，不可能一步到位。因此，基于成本考虑和技术先进性考虑，信息安全外包成为一种趋势，信息安全服务是信息安全外包的一项最重要内容，也逐渐被市场所接受。信息安全服务提供包含从高端的全面安全体系到细节的技术解决措施，安全服务分层次和内容进行开展，主要包括信息安全咨询和信息安全策略服务、安全监控和安全审计服务、安全响应和安全产品支持服务等。

　　因此，安全监控体系的建设，首先应根据各单位执行安全审计和安全监控的能力，选择是否采取专业化服务来开展；其次要确定安全监控的层次和内容；最后要选择合适的安全监控服务的专业机构或团队来确保安全监控体系的建设与执行。

（二）基于电子签名保障电子文件归档的安全

1. 电子文件原件及其完整性确认

　　档案形成单位所采用的现行业务管理信息系统是电子文件原件及其元数据信息的发源地，系统的安全可靠是确保电子文件真实性的根本依据，档案工作者应按照档案接收和保管工作的要求，在该系统建设之前提出具体的保障电子文件真实性需求，并提前开展档案的指导工作。特别是应在电子文件即将结束现行期使命之前，提示各单位做好备份和归档准备等各项工作。更为重要的是，应将拥有电子签名的电子文件最终文稿及时地转存到归档文件中心，以便及时开展归档工作。

2. 归档单位及归档责任者身份认证

　　系统中包括单位和个人双重身份认证内容。归档单位的身份确认是通过《中华人民共和国电子签名法》中规定的具有权威性、可信任性和公正性的电子认证服务机构提供（以下简称"CA 服务机构"）并签发的电子印章和证书，进行身份认证的方式分为单向认证和双向认证。电子文件归档采用单向认证方式，实现档案馆对归档单位网上传输的电子文件的合法身份认证，这时档案馆需要从 CA 服务机构的目录服务器中查询索引，获得证书之后，首先用 CA 的根证书公钥验证该证书的签名，验证通过说明该证书是第三方 CA 签发的有效证书，然后检查证书的有效期、检查该证书是否失效或进入黑名单等，从而确定归档单位的身份有效性。关于归档责任者的身份认证也可以采取上述方法，但一般只需要在信息系统中采取像指纹、密码等这样的有效措施就可以得以保障。

3. 电子签名的实现

归档单位在登记注册合法的电子签名后，拥有 CA 服务机构发放的签名证书的私钥及其验证公钥。实现签名的过程是：首先确认需要归档的电子文件，然后用哈希算法对电子文件做数字摘要；其次对数字摘要用签名私钥做非对称加密，即做数字签名；最后将以上的签名和电子文件原文以及签名证书的公钥加在一起进行封装，形成签名结果发送给接收方，等待接收方验证。

4. 电子签名的验证

档案馆接收到数字签名的结果，其中包括数字签名、电子原文和发方公钥。进行签名验证，首先用归档单位发送过来的公钥解密数字签名，导出数字摘要，并对电子文件原文做同样的哈希算法，获得一个新的数字摘要，将两个摘要的哈希值进行结果比较，结果相同则签名得到验证，否则签名无效。这就做到了《中华人民共和国电子签名法》中所要求的对签名不能改动、对签署的内容和形式也不能改动的要求。

5. 签名电子文件的可读性保障

归档单位归档时发送给档案馆的和档案馆接收到的都是经过签名的电子文件，经过合法性和完整验证后，电子文件就成为电子档案并由档案馆进行管理，提供对外服务与利用。这就要求档案馆建立的电子档案管理信息系统不仅安全可靠，而且能够阅读和浏览签名的电子文件，目前这一技术已经由很多单位实现，并做成插件形式，可以嵌入档案管理信息系统中，必要时可以打印出带有印章的档案文件，作为凭证依据。当前市场上流行的模拟纸质文书的数字纸张就是非常典型的应用案例。

电子文件归档过程可以看作是对传统纸质档案的电子化模拟与流程化规范的过程，所不同的是从对文件的收集、整理、鉴定、移交、接收到管理的全过程都采用了网络、信息系统、数字签章和身份认证的电子化与自动化操作模式。这种方式一方面使电子文件归档过程变得简单、快捷、自动化程度高；另一方面使人们对电子档案原始文件的管理与管理档案目录数据的信息系统实现了同步管理，最大限度地减少了人工的干预，提高了归档工作的效率，更重要的是，也大大增强了归档过程的规范性和安全性。至于网络和信息系统带来的安全风险，是能够通过采取各种现代技术手段得到控制和加强的。作为新时期的档案工作者，应该顺应历史的潮流，改变传统的观念，大胆地接收真实、合法、完整、有效的电子文件，做到对历史负责、为现实服务、替未来着想。

（三）数字化档案信息安全保障的总体结构

"坚持积极防御、综合防范的方针，全面提高信息安全防护能力，重点保障基础信息网络和重要信息系统的安全，创建安全健康的网络环境，保障和促进信息化发展，保护公众利益，维护国家安全。"这是国家对信息安全保障工作的总体要求，也是架构数字档案信息安全保障体系的总体指导思想。各档案管理部门应在遵守公共安全、信息安全、计算机安全等法律法规制度的前提下，首先，建立保障数字化档案信息安全运行的组织体系，制定安全管理的规章制度，加强教育和培训，增强所有人员的安全意识，规范操作过程，坚持全员思想上的同步安全原则，开展科学的档案管理工作，杜绝由于人为因素而引发安全事件。其次，根据档案数据、业务流程以及内部网络设备的使用特点，建设各个层次的技术保障措施，设定和执行网络边界区域防火墙、入侵检测、网络管理系统等安全策略，加强内外网络之间访问权限的控制与管理，对内部网络中的计算机和服务器，加强操作系统和应用程序的修补与更新，强化应用程序的安全，合理分配各用户的操作权限，根据需要对存储系统与档案数据采取必要的加密措施等一系列的技术保障措施。最后，在运行环节上加强管理和控制，在内部网络所有层次上落实安全管理制度，实施保障安全运行的有效措施，对保密档案数据实行物理隔离措施，对在线运行系统的档案数据采取异地备份、介质备份等措施，对于开放的档案数据提高防篡改的能力，对当前业务流程中正在处理的数据加强真实性、完整性和有效性的控制。

总之，在数字化档案信息的综合管理过程中，我们需要采用这种多维的分层管理与控制体系，建立保护全网安全的防护体系，加强内部管理，增强安全意识，采取各种措施和手段加强防范，增强攻击者被检测到的风险，降低攻击者的成功率，从而在网络安全、系统安全、应用安全的基础上保障数字化档案信息的安全。

第七章
数字时代档案保护工作的优化与创新

第一节　数字时代档案保护技术革新的走向与成效

一、数字时代档案保护技术革新的走向

纸张作为使用时间最长、范围最广的载体材料，即便是在今天各种新型载体不断涌现的情况下，仍然是记录和传播文化知识的主要媒介。无论是在我国还是世界范围内，对纸质档案保护技术的研究一直维持稳定的发展态势，从未间断，只是在研究的对象和内容上国内外有所不同。在国外，其研究内容、研究机构以及研究成果所面对的领域都具有"大文献观"的视野，图书档案情报一体化融合发展是欧美学术发展的最大特点。从 20 世纪 70 年代开始一直到今天，欧美针对纸质档案保护的研究一直维持较为稳定的势头，在文献遗产视野下其研究持续发展。在研究内容上，主要涉及纸质文献制成材料的性能与保存环境的研究，以及将现代科学分析技术不断应用于纸质文献的保护中；我国对纸质档案保护技术的研究则基本局限于档案领域，独自发展，近年来逐渐有了与图书文献遗产等领域的些许交叉。

档案制成材料耐久性的研究，是纸张档案保护技术的经典研究内容，也是保护技术的基础研究，通过对纸张和字迹材料耐久性的检测，更好地掌握其变化的规律和损毁原因。20 世纪 90 年代伊始，随着办公自动化的应用和普及，在各种业务和事务处理过程中，电子文件的形成已逐渐代替了纸质文件的起草和制作，但我国一直按照双套制管理办法输出纸质版文件，因而电子文件输出纸质版的打印件成为档案存档的主要形式。电子文件输出的打印件所形成的字迹材料与传统纸质档案通过印刷、手写等方式形成的字迹材料的成分和影响其耐久性的因素有

很大的不同，所以对其耐久性的研究也是非常必要的。档案制成材料耐久性在学术研究与国家档案局优秀科技成果的研究中成为当时的热点研究内容，很好地体现了学界和业界与时俱进的责任感。

档案制成材料性能方面的保护技术的研究属于档案科技领域中的基础性研究，需要的实验设备和定量分析的精度高、专业性强，因而依托高校和研究机构的实验条件和科研人员的参与是非常必要的。档案保护环境是档案保护技术的重点研究领域，也是成果最为丰硕的一部分。总的特点是不断向功能集成化、节能环保与智能化方向发展，为改善传统档案保护环境，提升现代化水平提供了必要的条件。

另外，传统档案修复技术以纸质档案为主，主要技术有纸张与字迹材料的加固、去酸去污技术和杀虫技术等。进入数字化时代，传统档案保护技术在继续发挥效能的基础上不断推陈出新，在修复技术的现代化改造方面也有很多创新。档案部门不断添置新的修复设备，丰富了对档案保护的手段和效率的提升。中国的纸质档案修裱工作历史悠久，可以追溯到魏晋时期的书画装裱技术，是我国优良的档案修复技术，该技术经过近两千年的流传和应用，对档案、图书、字画文物等具有良好的保护作用，一直沿用至今。在国家档案局的支持下，纸质档案修复技术的传承与现代化改造的研究成果主要集中在 20 世纪末，在此期间，学界和业界在对档案修裱技术继承的基础上，进行了多方面的改良和现代化的改造。如安徽省档案局研制并不断改良生产出我国第一台档案修裱机，实现了档案修裱机械化，克服了长期以来手工修裱操作随意性、模糊性、不规范性的弊端；随后，纸浆补洞机、集装式远红外修裱档案烘干箱、修裱用纸以及黏合剂等也得到不断改进，极大地提升了档案修裱的现代化水平。

现代纸质档案修复环节包含去酸、去污、加固、灭菌除霉、褪变字迹恢复等延续性修复技术，以及信息内容保真复制、迁移等再生性修复技术。对这些技术的不断创新探索，一方面丰富了修复技术的种类，以应对复杂多样的修复需求；另一方面也拓展了修复技术的现代科技含量，提升了修复的效率与质量。从国外的研究看，现代科学分析技术不断被应用到纸质文献的制成材料成分、老化状况的检测与纸张和字迹的修复中。目前涉及可应用于纸质档案保护主要包括显微镜观察、红外光谱（FTIR）、气相色谱-质谱仪（GC-MS）、激光诱导荧光光谱技术（LIFS）、X 射线荧光（XRF）、显微拉曼（μ-Raman）、X 射线衍射（XRD）、电感耦合等离子质谱（ICP-AES）、热重分析（TG）等。此外，还利用现代科学技术鉴别纸质档案的真假，如丹麦和西班牙的学者采用傅里叶变换红外光谱（FTIR）和扫描电子显微镜结合 X 射线微分析（SEM/EDX），对当代艺术家的纸质作品档案进行化学表征，从而区分原稿和非原稿。我国也加快了这方面的探索，特别是 20 世纪 80 年代以来国家档案局启动的"国家重点档案抢救与保护工程"，对档案修复技术、人才的大量需求更是一个积极的推动。我国一些博物馆、档案馆及科研院所在引进美国、德国等先进国家的技术基础上，开展了自主技术的研发。特别是近年来，高校、档案部门和档案服务企业等多个领域对去酸技术的研究不断加强。研究的内容主要是以去酸剂研究为核心，不断创新去酸工艺及去酸设备，使档案去酸技术在安全、环保、操作工艺等方面不断优化。代表性成果有加压雾化脱酸法及天然脱酸剂去酸、高压二氧化碳脱酸法、微米级和纳米级 MgO 非水相脱酸、无水纳米脱酸法、等离子去酸技术等。

另外，纸张加固技术也层出不穷。档案加固技术有助于防止字迹褪色、扩散，增强纸张强度、耐水及耐酸碱的性能。主要技术有涂料加固、丝网加固、单体加膜技术——派拉纶真空沉淀成膜加固等方法。为了进一步提高加固技术的安全性、耐久性和便捷性，近年来，新的加固技术层出不穷，如电子帘加固法、砂纸薄绸修复法、典具帖加固法、"热压复合"等新型加固技术，以满足现实工作的多样化需要。

新型载体档案主要是指纸质材料之后出现的光电磁等新材料形成的诸如模拟记录的声像档案、数字记录的电子档案，甚至将社交媒体等网络或移动终端文件、重要的信息等也纳入档案保护之中，按照数字遗产等大文献遗产来进行长期保存的研究。

从档案制成材料的角度来说，数字化时代光电磁等新型档案制成材料，诸如光盘、磁盘、数字磁带等不断涌现。这些材料的性能与纸质材料有很大的不同，可称之为"高分子复合材料"，即将记录材料和载体材料的功能合二为一复合在一起，如光盘、磁盘等记录材料和载体材料在形成档案之前就复合在一起了。因而新型材料成分复杂，记录性能和长期保存性能等方面都需要不断跟踪材料发展的新技术展开研究。从保存的手段上看，不仅是制成材料，还要兼顾信息的长久可读性的保障。

档案保护的实质是档案原始信息的长期保存和永续利用。要确保数字记录形成的档案信息的原始性以及长期保存和永续利用，不仅依赖承载档案信息制成材料的耐久性，更重要的是依赖存取其信息技术系统的寿命。数字档案信息的安全与长期可读是保障电子档案寿命的更为关键的因素。

数字化时代传统档案类别与电子档案将长期并存，因而解决这两类档案保护问题应该整体规划，协调发展。数字信息产生与保存的系统性、管理措施配套性等特点，要求必须加强档案安全管理的系统性和整体性方面的设计和保障，传统档案保护的科学化同样需要整体方案的设计和质量评估的保障。加之自然灾害频发和人为破坏加剧，档案安全可谓危机四伏。这一切使我们不得不从更加宽广的视野，使用更加多样的方法为档案架构安全网。保障档案的安全，仅靠单一的技术策略很难实现，而且档案部门也有些势单力薄。只有发挥方方面面的协同力量，从系统论的观点出发来架构一个可防、可控全方位的安全保障体系才行。所以，无论是传统档案保护还是新型材料的档案保护，技术与管理并重在国际上是主流，我国对技术与管理方面的协调发展也在不断加强。

二、档案保护标准化和社会化服务体系的建设成效

标准化是指为了在某一范围内获得最佳的秩序，对已经存在的或隐含的问题制定共同的、重复使用规则的一项活动，它涵盖了标准的制定、发布及实施的完整程序。标准化水平的高低是衡量一个行业发展水平高低的重要依据；服务的社会化则标志着某一行业社会服务需求力的旺盛。所以档案保护标准化和社会化方面的发展说明档案保护事业的旺盛生命力。

（一）档案保护行业标准化建设不断深入发展

自我国档案工作标准化领导小组成立以来，历经多年的发展，我国档案行业标准建设取得了丰硕成果。纵观我国档案保护行业标准的建设主要有以下三个特点：

第一，纸质档案修复标准的建设由针对单一修复技术的标准向针对系统的修复过程的标准化转变。进入 21 世纪以来，在对纸质修复技术的系统性、总结性研究的基础上，修复工作的标准化和规范化研究逐渐成为档案修复领域新的研究

热点，以此突破了传统"传帮带"师徒相授式的经验指导。

如果说国家档案局颁布的《档案修裱技术规范》和《历史图牒档案修裱技术规范》为档案修裱技术的标准化提供了重要依据的话，那么，国家档案局颁布的《纸质档案抢救与修复规范标准——破损等级的划分、档案保存状况的调查方法、修复质量要求》四个操作指南，则是对我国档案修复工作的制度化、科学化管理的全面推进。

第二，档案保管条件由传统的物理空间趋向智能与环保空间的建设，电子档案的信息空间不断向智慧化管理与安全预警需求方面发展。档案保管条件方面的行业标准共有13项，涵盖了档案防虫防霉标准、档案馆防灾应急标准、档案馆库房标准、保护设备标准四大类型。总体的趋势是档案保管行业标准趋向于智能类和环保类的标准建设。就档案保护设备要求而言，档案密集架在手动密集架特点的基础上，增加了定位引导、状态显示等智能管理功能，为档案馆保管设备的智能化标准建设提供了借鉴。就档案库房管理来看，《绿色档案馆建筑评价标准》是我国第一部有关档案建筑绿色环保的评价标准，为今后档案保管行业标准趋于绿色环保起到了积极引领作用。

第三，电子档案长期保存注重归档存储与信息安全标准的建设。电子档案是以数字代码形式存在，运用计算机系统记录、传输，并具有凭证、查考和保存价值的电子文件。电子档案保护行业标准共有18项，主要内容涉及6个部分。一是整体的管理系统安全规范，主要对运行电子文件与电子档案的软硬件系统的设计、安装、运行方面的安全隐患进行预防和维护。二是电子文件元数据管理，以文书类、照片类和录音录像类电子档案的元数据方案为主。三是电子档案载体规范，围绕蓝光光盘、硬磁盘等电子档案载体，形成《电子档案存储用可录类蓝光光盘（BD-R）技术要求和应用规范》《档案数据硬磁盘离线存储管理规范》等相关行业标准。主要规定了可录类蓝光光盘和硬磁盘离线存储技术、保存维护以及使用等要求。四是电子文件归档，如《政务服务事项电子文件归档规范》《政府网站网页归档指南》。可以看出，电子文件归档范围得到不断拓展，纳入具有查考价值的网页信息内容以及政务服务事项电子文件，这为今后网络信息归档保护的研究和实践提供了重要借鉴，也有助于电子档案保护向单轨制方面不断迈进。五是异质备份技术规范，如《数字档案信息输出到缩微胶片上的技术规范》

《数字档案 COM 和 COLD 技术规范》等。这些标准规定了档案信息异质备份的前期准备、缩率、检索、质量要求等。六是存储规范，如《基于文档型非关系型数据库的档案数据存储规范》《版式电子文件长期保存格式需求》等。总体来看，一方面，随着电子档案归档范围不断拓展，许多政府网站记录、社交媒体等被纳入电子档案归档范围，这些新纳入的电子文件归档存储规范越来越受到重视；另一方面，随着对数据信息安全的重视，异质备份行业标准等涉及电子档案信息安全的标准建设越来越受到重视。

电子档案的长期保存方面的标准制定与修订更替快速发展，充分反映了所依赖的技术更新换代的特点。

（二）档案保护社会化服务体系快速推进

欧美等发达国家在档案社会化服务方面的发展是比较成熟的，如 Iron Mountain（铁山）公司是世界领先的信息管理服务机构，目前为分布在五大洲 35 个国家的超过 15.6 万个机构提供信息存储、保护和管理服务。它是纽约交易所上市企业（代码 IRM），业绩表现良好。铁山公司保管着一些世界最古老的艺术品、珍贵文物、商业记录和病案。铁山的核心业务包括档案管理、数据备份与恢复以及信息销毁。铁山大约有 2 万名雇员、1000 处存储设施、10 个数据中心以及 3500 辆运送车辆。PRISM 统计（国际文件与信息管理服务协会）显示，目前全球已有 600 多个会员，6 家中国公司入选 PRISM。再如美国东北文献保护中心（Northeast Document Conservation Center：NEDCC）是一个专业协会性质的非营利组织，成立于 20 世纪 70 年代初，它是美国新英格兰地区的 6 个州际图书馆经过协商合作创建的文献保护机构，以满足新英格兰地区所有非营利组织对文献保护服务的需求。从创建之日起，该组织在文献保护方面成效显著，陆续开展了各种服务；同时它注重与多个机构开展合作，不断壮大自身力量并扩大专业影响力和贡献力。NEDCC 网站同步跟进建设并起到了积极的推动作用，网站围绕修复技术服务、咨询服务、免费资源服务和文献公共教育服务四大方面，提供了卓有成效的文献保护服务。

目前我国以商业模式运作的档案公司发展势头良好，大规模的档案信息化工作，如数字化、档案管理软件开发应用等基本通过外包服务的方式来完成。国家也非常支持、鼓励各方面的社会力量参与到档案管理之中。中办、国办在印发的《关于加强和改进新形势下档案工作的意见》中指出：规范并支持档案中介机构、专业机构参与档案事务；支持企业、社会组织和个人依法设立档案事业发展基金。为此，中国档案学会定期公布更新档案服务性企业的定点名录，为档案部门选择服务性企业提供参考和专业依据。2014 年进入名录的有 64 家，2019 年达到 91 家，名录中的企业数量和服务项目不断增多，涵盖档案设备、用品与数字化服务、档案展览服务、档案软件服务等多个领域。从 2017 年开始，国家档案局出台了有关档案服务外包的工作规范，2020 年进一步细化，以适应不断发展的档案社会化服务行业有序发展的需要。

国家档案局印发的《区域性国家重点档案保护中心建设与管理办法》（下文简称为《办法》）拟在全国开设区域性国家重点档案保护中心。《办法》指出："保护中心是国家开展国家重点档案抢救保护、组织档案保护技术研究、聚集和培养优秀档案保护技术人才的重要基地。其建设和运行管理是国家重点档案保护工作的重要组成部分。根据国家统一安排，对所在区域内国家重点档案进行抢救和保护，包括破损严重档案修复、档案去酸、档案高仿真以及灾害中档案的应急救援和处理等。"即利用区域大型综合性档案馆作为"龙头"馆的优势，以规模化和集约化的形式集中馆际和不同行业间的人力、物力和财力；制定区域性保护操作与管理的标准及法规；建立区域性修复人员队伍、信息交流中心、合作与援助计划；与高校等研究机构开展广泛合作，实现统筹建设和资源共享，避免因"分散抢救"造成的重复建设和资源闲置与浪费。目前辽宁、广东、云南、新疆、北京和浙江已被批准建设区域性国家重点档案保护中心。

总之，数字化时代国内外档案保护技术方面都取得了丰硕的成果，也在数字化时代推进档案保护的各项工作中发挥了重要作用。无论是以纸质档案为主的传统档案保护还是电子档案的保护，不仅在单一技术上不断升级换代，种类繁多，而且不断向综合的整体解决方案上发展，将技术与管理有机融合协调发展，在更加全面科学地解决各种类别档案的保护问题中持续发展着。

第二节 数字化时代我国档案保护技术变革与创新展望

档案保护是一个应用性学科，也是一个与科学技术发展密切联系的领域，因而档案保护理念创新与技术革新必定会有充满无限可能的前景。一方面，随着材料科学的发展，有关档案实体材料的保护和应用创新不会停歇；另一方面，随着新形态档案管理的需求与其配套技术的升级换代，保护技术与理论在面临不断挑战的情况下，也会有更多新的发展机遇。迎接挑战、抓住机遇必将为档案保护的理论创新与技术变革带来不竭的动力和持续发展的生机。

一、档案保护理念与研究方法的创新

计算机和网络技术的发明和使用，造就了我们目前的数字化社会形态——数字化时代。这个时代正如《数字化生存》的作者尼古拉斯·尼葛洛庞帝所预言的："如果物质时代世界的基本粒子是'原子'的话，那么构成信息时代新世界的基本粒子就是'比特'。"由此，也把未来的时代形象化地称为"比特的时代"。正如18、19世纪可称为原子和分子的时代，20世纪可称为DNA的时代一样，21世纪就是由比特构成的数字化时代。数字化时代最大的特点是：世界上几乎所有事物都可以用信息的方法（比特）量化。正所谓"万物皆比特"，这种数字化的技术给人类的工作方式和生活方式带来了前所未有的冲击。各行各业的理念与实践也面临全新的变革，档案保护理论与技术体系同样会在不断的变革中前行和发展。

（一）档案保护理念创新的主要方向

目前无论是学界还是业界，对档案保护理论与技术的研究范畴以及应用领域，都遵循以纸质档案为核心建立起来的传统理论与技术范式。这个范式指导下的档案保护是以静态档案库房保护为主架构的知识体系和实践内容，学术研究共同体的构成也是以传统档案保护技术或理论研究的学者的成果作为标志。20世纪60年代以来，随着办公自动化等技术的应用，文档的制作与流转以及长期保存的对象不断向无纸化发展，电子文件与档案不断增长，成为档案保护不可忽视的新的研究对象。按照惯性思维，必然首先从已有体系中寻找对策，可是不仅没有找到，而且产生了很多困惑：如已有理论框架体系存在诸多缺陷，无法用修修补补的办法来完善；传统档案保护理论与实践无法指导和解决电子档案保护的问题；从事档案保护技术的人员的出路面临困境，等等。所以理念的革新和研究方法的创新成为走出困境的关键。

1. 由静态库房保管到动态全生命周期保护（保护场所的变革）

传统档案保护的场所以档案库房为主。静态库房中档案更多地被作为收藏物来保管，因而档案保护的目的是调控库房的空气质量，所谓的"八防"（防高温、防湿、防光、防有害气体、防有害生物、防火、防盗、防震）是以维护其实体安全为最终目的。但电子档案的寿命是从生成开始就在管理系统中预设了整个生命周期的保管措施来动态维护的，如果生成时没有预设，业务流转中文档的"四性"（真实性、完整性、可靠性、有效性）功能就会存在诸多漏洞，电子档案的寿命会受到管理系统技术因素带来的多重威胁，这些漏洞和威胁在进入末端的档案管理环节后是难以补救的，所以贯彻文件生命周期理论与档案全程保护是非常必要的。实际上，实体档案的寿命同样需要从文件制作材料的优选做起，为档案具备良好质量奠定基础，但传统的文档分离管理模式限制了前端控制与全程保护措施的贯彻。

2. 由后端保护到全程保护（保护流程的变革）

传统档案保护只是在文件归档后的最后一个流程进行，这是不完整的。对于纸质等实体档案进入库房后才开始比较系统地实施保护措施，实际不少是"亡羊补牢"式的无奈之举。但对于电子档案则很难追加补救，电子档案的"四性"保障措施是在文件系统设计、业务流转等动态过程中不断积累和完善的，最后归档时是不能弥补的。目前，档案部门接收电子档案就遇到了元数据不完整的困扰，因而有些地方采取了先接收电子版档案（电子文件打印件的显示界面），可以省去双套制的扫描工作，但电子文件"三要素"（内容、结构、背景）的元数据并没有保留下来，所以说这并不是对原生电子文件的真正保护，而仍沿用传统纸质档案保护模式来应对电子档案的长期保存。真正意义上的无纸化条件下的电子文件与电子档案的长期保存观念和相关规范亟须建立。

3. 由实体安全到实体与信息安全并重（保护对象的变革）

传统档案保护以实体为主，通过实体固化信息而获得的唯一性"原件"来实现档案寿命的保护，即采取延长档案制成材料耐久性的"预防与治理"相结合的手段达到目的。但电子档案不存在唯一的实体材料"原件"。由于配套管理系统技术的升级换代，档案信息需要不断在新系统、新载体材料间迁移，以确保档案原始记录的"原始记录性"，所以必须树立实体与信息保护措施并重的新观念。

4. 从单一的技术保护转向技术与管理双管齐下（保护手段的变革）

传统档案保护以技术为核心的解决策略难以在日渐复杂的档案保护要求中取得预期效果。管理与技术的相互协调才是科学的保护手段，目前无论是传统档案保护还是电子档案保护技术的研发，对诸如调查、评估、整体解决方案、档案安全保障体系等管理策略的制定和应用越来越受到重视，充分贯彻"三分技术、七分管理"的管理理念非常必要。

5. 由档案保护拓展到文献遗产保护（保护视野的变革）

传统档案保护中所面对的实体档案与文献遗产范畴的图书、文物等在保护实体材料种类、性能、保护手段等方面都是共通的，各自分割的保护都面临专业人才、专门技术、资金等方面的短缺，因而合纵连横是档案保护获取更多人、财、物乃至政策等多方面的资源和高效发展的重要路径。

6. 培育健全的文献保护服务体系（文献保护的社会化）

随着世界范围内和国家范围内的文化遗产保护等领域各类工程的启动以及档案领域的"国家重点档案抢救工程"等的开展，文献保护社会化服务的需求不断增长。任何一项工程的实施完全由某一机构自身完成困难巨大，所以求助于社会化服务机构或建立区域服务中心等形式的集约化服务体系是非常必要的。目前，我国档案数字化等业务已经比较普遍地由社会化服务企业提供了。世界范围内的文档服务公司也发展得比较成熟，如美国的 Ironmountian 等跨国大公司的运行，以及为规范文档服务企业的 PRISM（国际文件与信息管理服务协会）的成立及其会员的发展遍布全球，我国也有企业参与其中。因此，建立与发展档案保护社会化服务体系是符合国际潮流和行业需求的。档案部门在解决好保密与保护的基础上，充分利用好社会化服务的力量，以此来解决人、财、物等匮乏的问题是可行的。

（二）档案保护研究方法创新的路径

当今是一个学科不断融合发展的时代，传统科学中鲜明的学科边界不断被突破，由此产生了许多新兴学科，随之也生发出许多新的研究方法。档案保护不仅是一门技术，更是一项社会管理工作，所以对此领域的研究也应该引入多维的方法。立足档案本体追问，我们在档案的原始记录性与人类历史记忆、社会记忆间建立起关联性。管理学研究视角的引入提升了档案学研究的科学性与有效性。档案源于人类社会实践与社会管理，在借鉴管理思维、管理学基本原理、管理实践体系知识的基础上，实现了档案事业管理知识体系与实践路径构建的深化与优化。文化学研究视角的引入深化了我们对档案工作与人的发展关系的认知，丰富了对档案信息资源建设出发点与路径选择多样性的认识，拓宽了档案工作融入现实社会发展的路径。档案保护理论与技术的研究方法也可以沿着这样几个方向去找寻。

1. 哲学方法的引入，让档案保护学科理论研究在深度上获得提升

哲学被称为科学的科学，它是关于人类思维的科学，因而为人类的认识论提供了研究方法。19 世纪中叶，马克思主义哲学的创立为我们提供了认识客观社会的科学方法论。马克思主义哲学的唯物论和辩证法是具有最普遍指导意义的方法，其中"唯物史观为人们科学地认识社会规定了基本的原则，这就是按照社会历史过程本身的特点及其演化发展面不断地探索科学地认识社会的特殊方法"。在应用过程中可以通过系统的分析、经济的分析、动态的分析和历史的分析等手段的综合，来考察社会现象和客观事实的发展特点、演变规律。

以档案工作实践为客观需求而建立的档案保护学科，从最初馆藏档案的日常保管和部分档案修复等简单的保护活动，逐渐发展到以纸质为核心，声像档案、照片档案等多种类别档案的保护，再到电子档案的出现和需求，不断推动和丰富着档案保护技术与理论的发展，这些为在实践和事实上探寻档案保护技术与理论发展规律提供了足够多的考察对象。以哲学层面的方法为指导，可以从发展历程

中分析提炼、找寻规律和探求本质。如在档案保护教材的建设历程中，对档案保护学科定义和研究对象的探索就包含了哲学方法的应用。

此外，还有一些通用的方法，如横断科学方法，包括数学方法、控制论方法、系统方法、信息方法等；经验科学方法，包括调查研究方法、观察法、实验法等；理性思维方法，包括科学抽象方法、比较与分类方法、归纳与演绎方法、公理化方法等，也可以在档案保护技术与理论的研究中恰当应用，适应档案保护学科的综合应用性特点。

2. 管理方法的引入，让保护技术的应用与管理协调而发挥更大效益

档案保护是以技术为核心的学科，但技术发挥作用必须与管理相协调，而且档案保护是整个档案管理中的一个环节，必须依照档案管理的基本原则、遵循管理体制的特点。无论是档案管理还是档案事业管理，本身都具备管理属性，为了档案管理工作和档案事业能够持续、健康地发展，必须运用现行科学的管理理论与方法来管理档案与档案事业。

3. 文化学方法的引入，让档案保护发展视野和社会价值实现获得更大空间

档案保护的目的是更好地提供利用，为发挥档案价值创造条件，因而档案保护理论与技术与档案价值发挥也是密切相关的。档案保护的对象是归档保存有长远利用价值的档案，档案长远利用价值也是多方面的。从社会记忆的角度，档案是人类文明的记忆载体，因而具有广泛的文化价值、经济价值、历史价值，甚至是文物价值（主要指历代历史档案实体的演变）、艺术价值等，发挥这些价值就需要结合档案的实体和内容两方面进行完整保护，有效提供利用。如目前的"数字人文"学科及其方法就是让技术服务于人文科学。所以，应用人类一切可以应用的方法来为档案保护理论的丰富、技术的革新和有效利用提供研究工具和方法论，能够让保护学科的路走得更广阔、更长远。

4. 多种方法的融合应用

档案保护是一门综合性应用学科，随着档案制成材料和记录手段等相关技术的不断发展而更新发展。在传统档案保护时代主要应用自然科学手段，数字化时代则更多地与信息技术和管理科学相结合，以满足数字化时代多种形态档案保护的需求。

二、档案保护科学共同体的培养与研究内容的创新和拓展

（一）档案保护人才培养模式的创新

人才培养是一个学科或一项事业发展的根本保障。要使档案保护事业后继有人，我国档案保护人才培养模式必须进行创新，架构新的教育模式。从目前我国档案保护人才培养模式来看，主要集中在传统档案保护人才的培养上，对于电子档案保护专门人才没有明确界定，因而也没有对应的招生和人才培养规划。面对传统保护人才培养模式存在的诸多问题，构建新模式要从两方面寻求解决之道。

1. 对传统档案保护人才培养模式进行改造：建立图书保护、档案保护、文物保护整合模式

目前，传统档案保护在学校教育层次上没有专门的学科门类，分散在图书馆学、档案学类、历史学与美术学类和文物鉴定与修复类等多个学科中，而且大多数学校只作为一门专业课讲授。学生所掌握的理论知识与实践能力都难以满足实际部门的需要。社会教育层次培训也不成规模，只是根据部门或行业自身需求进行不定期的短期培训，难以解决实际部门人才数量和技术上的稀缺。至于高端的研究人员和教师队伍目前也处于奇缺状态，传统档案保护高端人才和教师一部分转行，一部分随着退休没有新鲜血液补充，导致档案专业要求的核心课程"档案保护技术学"有不少学校缺少专门教师。

我国与档案保护相关的教育中学历层次可以说很完备，从高职、中专、本科、研究生一应俱全，其中以本科教育层次为主，占80%。档案学专业大多开设了档案保护技术学课程，但一门课程只能起到基础知识教育的作用，虽然不少学校开设了配套的实验课程，但实验课程大多嵌入理论课程中，学生只能做一些模仿式的操作，没有系统的档案保护技术的训练。除了档案学科，古典文学类、文物艺术类专业所开设的文献保护与修复课程多与历史文化相关，设立的修复技艺课程相对丰富一些。

社会教育在古籍文献方面的培训成效较大，这主要得益于"中华古籍保护计划"工程，国家在政策、资金等方面提供了有力支持。培训的方式以各省市图书馆和档案馆所组织的培训学习为主，由国家出资，设在各省级图书馆内，由国家

级古籍保护分中心以及修复技艺传习所协办。

所以从我国有关档案保护方面的人才培养现状来看，如果在教学内容上与文物保护、书画修裱、文化遗产保护、古籍保护进行融合，使其融入大的文化遗产保护范畴之中，相互支持、协同发展，那么将会在人才培养和技术的应用上取得更好的效益。对此，也有学者赞同，并提出了具体的解决方案，如鉴于图书、档案、文物三者保护相通相似的特点，有学者提出了两种人才培养模式：第一种模式是建立三个学科的"保护联盟"，此种联盟既保持以往的独立培养方式，又有新的统一、融合形式，在整合图书、档案、文物、文化遗产保护的基础上，建立统一的培养方式，人才培养途径采用共建、合建等方式，充分实现资源共享。第二种模式是建立新专业，与目前国内大多数高校单独开设图书馆学专业、文博专业、档案学专业不同，单独开设文化遗产保护专业，将藏品、藏品保护技术和人三者有效地融合起来，通过专门的教育，培养专门人才。

此外还可借鉴国际经验，美国、法国、波兰、韩国、印度等国也是以"大文献保护"的视角来统筹艺术品、馆藏品、考古文物等保护需求而进行融合培养的高等教育模式。据介绍，随着档案、图书、文物和博物保护工作的加强，国际上保护从业队伍越来越庞大，内部分工越来越细。欧美将保护工作分为保护工作者（Conservator）、保护管理人员（Preservation Manager）、保护教育者（Preservation Education）、保护科研者（Conservation Technician）、保护技术人员（Preservation Technician）、收藏品保护专家（Collections Care Specialist）、修复工作者（Restorer）等。为此，他们的高等教育课程设置也做了相应的调整。

2. 电子档案保护人才培养模式

电子档案保护需求复杂，与计算机集群技术密切相关，这个领域的动态发展也快速更替，因而专门设立学科不太现实，只能在电子档案管理与数字资源长期保存等方面有侧重地进行专项培养。美国 iSchool 联盟的教育方式值得借鉴。

iSchool 联盟以美国信息学院运动为发端，到目前在全球已有 100 多所高水平信息学院、商学院、计算机学院，我国有多所大学陆续加入，包括武汉大学、北京大学、中国人民大学、华中师范大学、南京理工大学和吉林大学等。iSchool 高校档案学教育的特色中以人为本的教学理念、面向职业需求的教育模式对我国有很好的借鉴价值。iSchool 联盟中的高校培养人才设置的课程涵盖的知识面广阔，囊括了各类文献的保护知识和技能的需求。从各个学校设置的课程可以看到，普遍注重对学科专业人员的整合和复合型人才的培养，因而 iSchool 高校开课中多含跨学科课程，开设了将档案学与图书馆学、管理学、社会学、信息科学、计算机科学等专业或与文化遗产、集体记忆、公共服务等领域相融合的学科交叉课程。

数字化时代应该在重塑档案保护技术学人才的知识结构方面下功夫，将具有理工科专长的传统档案保护人员的构成，调整为多学科融合的兼顾传统和电子两种主流形态档案保护需求的人才结构。引入计算机信息技术、自动化技术、网络技术等方面的人才，正如现今发展火热的数字人文学科，就是交叉融合多学科协同发展的代表。我国复旦大学的图书馆与国家古籍保护中心、上海图书馆、上海科学技术情报研究所共同制订培养方案，面向全国各院校、各单位招收图书情报专业硕士研究生。兼顾传统文献和数字文献方面保护人才的需求，设立了古籍保护与修复、信息服务与情报分析、现代图书馆管理、数据管理与应用四个研究方向。虽然每年招生人数有限，但这种有益的尝试还是值得推广的。

（二）档案保护新生代学者的培育与壮大

1. 重振传统档案保护学者的颓势

随着电子文件与电子档案不断取代纸质文件与纸质档案，最后一根救命稻草——双套制也要退出历史舞台了，单轨制无纸化的文档管理时代已不断吹响集结号。以纸质档案为研究对象建立起来的传统档案保护技术与理论体系所支撑的技术与理论研究只能渐行渐远。对于处在过渡时期的档案学研究者挑战更大。已积累的研究知识很多都面临淘汰，而新知识的学习和掌握又是一个充满艰辛的过程，于是在短时间内造成新旧知识的断层。因为数字化信息革命是一群高技术的集合体，包括微电子技术、信息传输技术、多媒体技术、多媒体数据库技术、数字压缩技术以及语音识别技术、虚拟现实技术等综合发展的结果。所以数字化时代的档案学研究方法和过程与传统档案学相比较体现出明显的高技术化和研究难度的大幅度增加。因此，选择转向电子文件与电子档案的保护领域难度太大。那么如何找到重新出发的下一个路口呢？环顾四周，一条可选之路展现在眼前，这就是文化遗产保护的大路。

纸质档案即将退出历史舞台，加入文化遗产的大家庭中，那些曾经守护过它们的学者将继续坚守这份责任，与古籍、文物、非物质文化遗产等领域携手，为守护人类文明的社会记忆再做新贡献。保护学者中确实有这样成功的转向者，这就是中国人民大学著名的档案学者张美芳教授，从她近年来的研究成果可以看出，她将档案保护与图书保护等方面有机结合，在文献保护教育、文献保护标准、纸质档案保护技术等方面都有很好的建树。

另外就是调动档案部门保护工作者向应用型学者转型。国家档案局启动的"国家重点档案保护工程"需要对历史档案进行保护和抢救，急需专门人才，借此机会可加大对传统档案保护人才的招募和培养。同时，新一轮档案机构改革在全国范围内推进，大部分档案馆成为事业单位，对档案馆人员的职业发展有很大的影响，他们在未来的发展中晋升职称是新需求，这客观上会促进档案人员科学研究的积极性。无论是客观上还是主观上，档案机构改革对促进档案科技发展、科学研究都是一个新的机遇。在业务上的需求和职业发展的牵引下，两者有机结合一定会对培育传统档案保护与修复应用型专家起到积极的推动作用。实践领域保护专家的培养也可以改变档案保护学者中以高校教师为主的单一成分的短板，促进理论学者与实践学者的互动和密切联系，让传统保护理论与技术更好地满足实践的需求。

2. 整编数字化时代新型档案保护学者队伍

随着传统档案数字化与电子档案的接收管理，对文档部门电子档案保护的需求将快速增长。因而档案行业必须对这方面的人才进行组织和培育。

第一，整编有关电子文档管理人员。电子档案的保护与管理分工不再那么泾渭分明了，因而职业的发展方向和技能要求也变得越来越模糊，相互融合变得更加重要。电子档案保护人才队伍也是分散式存在，没有明显的职业标签。电子档案在形成、流转、归档长期保存的整个生命周期中都需要保护技术的保驾护航，因而从系统性的角度来说，参与这些流程的设备、系统的人员都应具备档案保护的知识和技能。实际上，传统档案保护在文件与档案生命周期的各个环节中也需要，但传统档案形成的完备文档管理系统和文档分离的管理体制，将档案保护工作更多地放在归档后的档案部门来做，科学的做法仍然应该是全生命周期的保护。依据电子档案管理的系统性要求和对设备等技术的配套升级管理，文件的制作、流转、归档管理以及归档之后的备份、迁移、数据恢复等工作环节中所要求的信息安全、载体保护等管理措施与技术工具的应用，都是档案保护所研究的范畴，也是电子档案保护人才知识和技能的主要构成。

对于综合档案馆等业务部门，在业务设置和名称上也应适当调整，如一些单位设置信息化部、电子部等，这些部门可以按电子档案管理需求进行重新整编，也可以在职责范围内重新划定和明确。他们不仅负责传统档案的数字化，也肩负对接收电子档案长期保护的责任，这也是数字化时代新一代档案保护人员的职责。

第二，电子档案保护学者的培育。电子档案保护学者培育的主要人群是新生代档案保护学者和引育数字技术领域学者。进入 21 世纪后，新生代档案保护学者增量很小，这些学者在研究主题和方向上已显示出向电子档案保护方向的靠拢。所以也希望有更多的学者，结合时代特点不断凝练研究方向，围绕档案所具备的活动记录、证据价值、记忆构建、文化传承等方面的功能，利用大数据、人工智能等新技术作为保护档案的手段，同时在关注技术发展新动态的基础上与档案价值发挥的需求进行结合，拓展研究内容。此外，应发挥高校理论优势的特点，多多参与数字化时代档案基础理论的研究，不断升级理论研究工具，创新思维方式，在实现自我升华中获取持续前行的动力。

三、档案保护新范式知识体系的架构

在以计算机为核心的记录技术的冲击下，档案保护知识体系受到前所未有的挑战，而且这种挑战的程度在不断升级，以抽象文字符号为主的纸张档案一统天下的局面逐渐被打破，电子档案等多种形态的数字档案不断成为主流，诸如三维图像、模型、超链接文件等文件形态的保存和利用必须依赖其生成和保管系统而存在，因而以纸质档案为核心的档案保护知识体系必须进行调整革新，建立包容各种形态档案保护需求的新范式。

（一）档案保护学科术语的命名及其内涵的界定

1. 用"档案保护"涵盖"档案保护技术""档案保护技术学"

传统档案保护学科与实际工作都是将"档案保护"等同于"档案保护技术"，档案保护学科也等同于"档案保护技术学"，这种对技术的强调和核心知识体系指导下的实践体系最大的缺陷是包容性小，限制了学科发展的视野，也影响了档案保护工作的实际效益，导致档案保护理论与技术的应用基本局限在静态库房中，从而使整个档案生命周期对其寿命长期保存的要求失去了全过程的监控和维护。新的档案保护理论与实践范式应该将"技术"二字去掉，用"档案保护"来命名更恰当。以这个概念包容整个文件生命周期中的各个环节对档案保护技术与管理的贯彻，改变"保护"就是"保护技术"的思想，这既符合电子档案的保护要求，同时也优化了传统档案保护的措施，解决了"亡羊补牢"式的被动保护问题。从文件制作开始就将保护的要求和持续的保障措施纳入其中，架构起以档案为核心对象，流程与环节、技术与管理相协调的新的档案保护知识体系，以更好地指导档案保护理论与技术的科学发展。

2. 用"文献遗产保护"涵盖"档案文献保护""档案文献遗产保护"

根据"世界记忆工程"的解释，文献是"无意或有意被保留下来的各种形式的书本、手稿、文件以及其他含有信息的载体，不论其介质或格式怎样"。所以这里的"文献遗产"并不局限于特定类型的博物馆、档案馆和图书馆等收藏机构。"文献遗产"包含了各种机构和个人收藏的文献，也就是说"档案文献保护"和"档案文献遗产保护"包含在"文献遗产保护"中。如果用"文献遗产保护"称谓架构档案保护的理论与技术体系，则是一种"大保护观"的档案保护理念。把档案保护作为文献遗产大家庭中的研究对象之一，更多的是从兼顾各种文献的共性和个性方面去组织相关知识，使档案保护理论与技术获得更广阔的知识包容性和实践价值发挥的广泛性。

（二）档案保护学科研究对象的确立与研究范畴的界定

档案保护的对象是迄今为止产生的各种类别档案的长期保存。不同时代的档案在制成材料、记录方式、保存性能等方面各不相同，因而保护的手段和理念也有很大的差异，其中最为核心的一个概念可以包容档案保护对象的称谓，即档案寿命，因而档案保护理论和技术研究与应用的终极目标就是延长各种档案的寿命。换言之，档案保护研究的对象就是档案的寿命，不同形态档案寿命的表现形式各不相同，但都有共同的构成，即信息内容和实体材料，所以这也决定了档案保护研究的内容是档案信息的保护和实体材料的保护。

1. 档案保护学科研究对象——档案寿命构成要素及衡量依据的分析

第一，档案寿命构成的要素。根据我国《档案法》的定义，档案是指过去和现在的机关、团体、企业事业单位和其他组织，以及个人从事经济、政治、文化、社会、生态文明、军事、外事、科技等方面活动，直接形成的对国家和社会具有保存价值的各种文字、图表、声像等不同形式的历史记录。这种历史记录首先是一种通过物质材料和记录手段进行固化的信息，所以从学术角度对档案的定义为：档案是组织或个人在以往的社会实践活动中直接形成的清晰的、确定的、具有完整记录作用的固化信息。这种固化信息的本质特征就是档案的"原始记录性"。那么这种原始记录的构成要素有哪些呢？

从文献学的角度看，任何一种记录都由三个基本要素构成：信息内容（content）、记录方式（media）和制成材料（carrier）。"信息内容"是人类有意识的记录；"记录方式"的 media 有时被译作媒介，主要包含两个要素，即信息符号和记录手段。构成"记录方式"的信息符号是获取、表达、传播和交流信息的象征符，记录手段则是各种记录工具或设备，主要起到固化信息符号，保存和利用信息内容的作用。档案也同样是由这三个不可或缺的要素构成。不同记录技术条件下，记录方式和制成材料是不断变迁的。迄今为止，档案的记录方式经历了以手写或印刷的文字记录而形成的甲骨档案、简牍档案、缣帛档案、纸质档案等，以专门设备记录的光电信号形成的照片档案和录音录像磁性载体档案，以及目前发展中的以计算机为记录手段、二进制数码为信息符号而形成的电子档案。历史上产生的这些纷繁复杂的多样形态，都是档案保护所要研究的对象。值得注意的是：不管档案形态如何变化，其实质都是人类社会实践的"原始记录"，这个本质属性是不变的。所以制成材料包括两种功能的材料，即承载信息的载体材料（如纸张、磁性载体、光盘等）和（显示记录内容的材料），（如各种字迹材料、感光材料、磁介质材料等）。

第二，衡量档案寿命长短的依据。电子档案出现之前的档案种类都是以延长档案制成材料，即实体材料耐久性的方式来达到延长档案寿命的目的，而电子档案的出现颠覆了人们的这种认知。电子档案的记录方式是"数字记录"，这种记录方式所记录的信息是"0"和"1"代码组合的二进制信号，表达的信息经过采样、量化和编码过程，以离散的方式存在于计算机程序中，读取信息时需要经过计算机程序翻译和显示，传统意义上的固定版式的档案是不存在的，其展示和保存形态可依据保存和读取工具而变化形态。那么电子档案寿命的标志为何物呢？是实体的还是虚拟的？电子档案实体材料不是唯一的，随着信息的迁移不断更新，那么虚拟的又是哪些要素呢？经过对电子文件记录方式特点的研究和对电子档案原始记录实质的提炼，目前基本达成共识的结论是"内容、背景、结构三要素"是电子文件（档案）原始记录的基本构成，这些基本要素的"真实性、完整性、可靠性和可用性"，即"四性"的保障可以作为衡量档案寿命的依据。

所以，衡量档案寿命长短的依据发生了变化。以纸质档案为代表的档案寿命用档案制成材料的耐久性来衡量；电子档案的寿命则用信息内容的真实、完整、可读、长期可用来衡量。也就是说传统的档案保护以实体材料作为目标物，而电子档案保护的侧重点则在信息内容的原始特征上，即传统纸质档案的寿命是载体材料和字迹材料的统一，被称为"原件"的寿命；数字记录条件下的电子档案寿命是不断迁移中的内容、背景、结构三要素原始性得到持续保障的寿命。

实际上，电子档案的原始记录"三要素"的构成和保障原始记录性的"四性"要求是任何档案的共同依据和需求。只不过在纸质等实体档案上，原始记录的"三要素"是直读可见的，而且是完整固化在一起的，通过固化的材料来保存、利用；而电子档案原始记录的"三要素"是离散的，并且需要随着计算机技术的升级不断迁移其内容和存在方式。可以说，电子档案的"原件"是由标识说明文件来源、内容等各种功能的元数据来固化的，虽然形式上是不固定的，但档案的原始记录性相关内容被完整地保留下来。

2. 档案保护学科研究范畴的界定

档案保护研究的对象是各种形态档案的原始记录寿命的长期而有效保存。前面提到任何记录都包括"信息内容（content）、记录方式（media）和制成材料（carrier）"，档案原始记录当然也不例外。因而档案保护研究的范畴必然是围绕这三方面的相关内容。

有关"制成材料"的保护研究在目前的档案保护理论与技术体系中是核心内容，相关的理论与技术都已比较成熟，这也是目前档案保护教材知识内容的主要构成，即研究迄今为止使用的各种档案制成材料的性能、损毁因素和保护方法，这里不再赘述。需要重点说明的是"信息内容"和"记录方式"两要素所包含的知识范畴。"信息内容"是人类有意识的记录，是人类文明进步和积累的证据，这部分内容如果纳入档案保护研究范畴中的话，不是研究信息内容本身，而是研究信息内容的长期保存和可利用的有效性问题，这就是有关档案长期保存的"四性"相关内容。至于"记录方式"，主要指表征信息内容的符号或信号系统（也可以称作信息的表达方式）及其记录手段，如模拟记录，它的表达方式是文字、声音、视频等象征符号或模拟信号，数字记录的表达方式是二进制的机器代码。模拟记录和数字记录不仅表达方式不同，记录手段（或称记录工具）也有很大差别，如刀刻笔写的手工记录，打字、印刷的机械记录，以及照相机、录音机、计算机等各种自动化记录设备处于不断的进化过程。

这里对档案保护研究对象的分析得出的结论是：档案保护研究的对象是档案原始记录的寿命，构成研究对象的要素是档案制成材料和信息内容以及记录方式，衡量档案原始记录寿命长短的依据是原始记录构成的"三要素"及其对"三要素"的"四性"持久保障。所以有关"三要素"和"四性"的内容应纳入档案保护研究的范畴，这对任何一种档案的保护都是需要的。首先用此分析一下，纸质等传统档案保护的三要素是否都涉及了？纸质等传统档案的"三要素"在档案保护中只重点关注了"制成材料"，"信息内容"和"记录方式"关注不多，以隐含的方式存在，如"原件"概念所包含的要素相当于"信息内容"所要求的"四性"功能。"记录方式"中所涉及的文字等表达符号没有相关的研究，处于缺位，但对档案保护学科的研究影响不大，因为纸质等传统档案上表征信息内容的文字符号和记录手段（刀刻、手写、印刷等）是大多数人理解和可见的，形成档案形态基本恒定不变，所谓的白纸黑字显而易见。所以人们研究保存"制成材料"这个"原件"就可以达到延长档案寿命的目的。但对电子档案来说，"三要素"相比传统档案来说发生了很大变化，体现"信息内容"的"原件"不是唯一固定的制成材料，而是形态多变无法直读且须不断迁移的虚拟形态，"制成材料"和"记录方式"随着数字记录技术的升级换代不断更新。具体说来，表征信息内容的记录符号和记录方式发生了很大变化，简单的"0"和"1"的记录符号通过计算机编码不仅可以实现各种形态信息的记录，而且可以表达任何千变万化的思想内容，具有比较固定的表征含义的文字、声音、影像等对应表达方式不再存在了。更具有颠覆意义的是"0"和"1"所表征的信息形态是不可见的，任何显示在屏幕上的信息复制更改更加方便，不留痕迹。电子档案所表现的这些新特性，使得电子文件与档案保存的"原始记录"让人捉摸不定，我们观念中根深蒂固的不可更改的唯一"原始记录"的原件也变得难以确定了。解决这些难题的关键，需要透过现象看本质，深入研究电子档案的"三要素"的本质特征和保障其"四性"要求的方法，所以，将关涉档案保护研究对象特征的"信息内容"和"记录方式"与"制成材料"一同纳入档案保护学科知识体系中，为所有形态的档案保护提供理论依据和技术解决方案是非常必要的。

综上所述，不管构成档案寿命的两个要素表现形式如何变化，不变的是档案原始记录构成要素和它的本质特征——原始记录性。原始记录是档案保护学科研究的基点，原始记录性是贯穿不同技术环境下不同形态档案不变的根本属性，对原始记录寿命的长久保存则是档案保护研究的目的。也就是说，对不同记录条件下不断变迁的档案寿命要素的演变规律的掌握和保护，是推动档案保护的理论与技术发展的核心研究范畴。

参考文献

［1］ 刘祎. 档案管理［M］. 长春：吉林人民出版社，2018.

［2］ 毛雯. 档案管理工作研究［M］. 北京：中国原子能出版社，2018.

［3］ 潘潇璇. 档案管理理论研究［M］. 延吉：延边大学出版社，2018.

［4］ 胡燕，王芹，徐继铭. 文书档案管理基础［M］. 北京：世界图书出版公司，2018.

［5］ 王世吉，唐宁，周雷. 现代档案管理理论与实践［M］. 延吉：延边大学出版社，2018.

［6］ 赵旭. 档案管理现状的研究与分析［M］. 天津：天津科学技术出版社，2018.

［7］ 高海涛，李艳，宋夏南. 档案管理与资源开发利用［M］. 北京：北京日报出版社，2018.

［8］ 刘亚静. 档案管理信息化与自动化探索［M］. 天津：天津科学技术出版社，2018.

［9］ 杨学锋. 现代化档案管理与服务研究［M］. 北京：中国商务出版社，2018.

［10］ 刘思洋，赵子叶. 文书管理学与档案管理［M］. 长春：吉林科学技术出版社，2019.

［11］ 黄兆红. 信息时代下的高校档案管理［M］. 延吉：延边大学出版社，2019.

［12］ 陈一红. 我国高校档案管理工作创新研究［M］. 天津：天津人民出版社，2019.

［13］ 许秀. 高校档案管理与信息化建设研究［M］. 哈尔滨：哈尔滨工业大学出版社，2019.

［14］ 周璐. 声像档案管理实务［M］. 昆明：云南科技出版社，2020.

［15］ 李扬. 高校档案管理与信息安全研究［M］. 北京：北京工业大学出版

社，2020.

［16］吴彧一，王爽，刘红. 高校人事档案管理实务与创新［M］. 延吉：延边大学出版社，2020.

［17］汪媛媛，王思齐，陈乐. 新时期医院档案管理与发展研究［M］. 秦皇岛：燕山大学出版社，2020.

［18］张鹏，宁柠，姜淑霞. 图书馆信息化建设理论与档案管理实践［M］. 长春：吉林人民出版社，2020.

［19］张杰. 信息时代下档案管理工作创新研究［M］. 长春：吉林大学出版社，2020.

［20］谭萍. 基于大数据环境下创新型档案管理与服务研究［M］. 长春：吉林人民出版社，2020.

［21］张玉霄. 数字档案信息资源安全管理研究［M］. 长春：吉林大学出版社，2020.

［22］赵丽颖，芦利萍，张晨燕. 档案管理实务与资料整理［M］. 长春：吉林人民出版社，2021.

［23］赵吉文，李斌，朱瑞萍. 数字图书馆建设与档案管理［M］. 汕头：汕头大学出版社，2021.

［24］杨玲花. 现代档案管理工作与保存策略研究［M］. 北京：中国纺织出版社，2021.

［25］郝飞，袁帅，李伟媛. 现代档案管理与实践应用研究［M］. 长春：吉林人民出版社，2021.

［26］李蕙名，王永莲，莫求. 档案保护学与科技档案管理工作［M］. 沈阳：辽宁大学出版社，2021.

［27］周铭，侯明昌. 图书情报与档案管理学科基础教学案例集［M］. 昆明：云南科技出版社，2021.

［28］王秀文，于丽娜. 高校图书馆读者服务于档案管理探索［M］. 长春：吉林科学技术出版社，2021.

［29］周彩霞，曹慧莲. 档案管理信息化建设理论与实践探索［M］. 北京：北京工业大学出版社，2021.

［30］浦海涛. 大数据时代高校图书馆档案管理的理论与实务［M］. 西安：西北工业大学出版社，2021.

［31］周杰，李笃，张淼. 文书工作与档案管理［M］. 延吉：延边大学出版社，2021.

［32］宋晓芬，李思思，刘妍. 人力资源与档案管理［M］. 哈尔滨：北方文艺出版社，2022.

［33］王晓琴，芦静，任丽丽. 档案管理基础理论与实践研究［M］. 长春：吉林科学技术出版社，2022.

［34］李平，张旭芳，陈家欣. 数字化档案管理与图书馆资源建设［M］. 长春：吉林人民出版社，2022.

［35］王玉玲. 新时期档案管理与开发利用研究［M］. 长春：吉林出版集团股份有限公司，2022.

［36］卢捷婷，岑桃，邓丽欢. 互联网时代下档案管理与应用开发研究［M］. 北京：北京工业大学出版社，2022.

［37］赵梅，白子滢，任华. 现代档案信息化管理与建设研究［M］. 秦皇岛：燕山大学出版社，2023.

［38］刘秀菊. 大数据环境下档案信息化管理与创新策略研究［M］. 北京：原子能出版社，2023.